MARAVILLAS DEL

Mundo Acuático

Escrito por Sam Hume

Ilustrado por Angela Rizza
y Daniel Long

Introducción

Siempre me han fascinado los hábitats acuáticos. Cuando era niño me pasaba horas tumbado junto al estanque de mis abuelos, observando a los tritones que merodeaban entre la hierba como si fueran auténticos dragones. Cuando íbamos a la playa, me acercaba a las pozas en busca de anémonas y cangrejos. Desde entonces, me han mordido sanguijuelas en la selva, me han escupido peces arquero y se me ha posado un pulpo en la cara. No cambiaría ninguno de esos momentos. Si tienes espíritu de explorador y buscas siempre cosas nuevas, la vida acuática no te decepcionará. Incluso preparando este libro, he descubierto tesoros mucho más increíbles de lo que nunca había imaginado.

Te lo advierto, una vez que mires bajo la superficie del agua, ya no habrá marcha atrás. Así que descálzate, mójate los pies y déjate llevar por la corriente de la curiosidad.

Sam Hume

Sam Hume
Autor

Contenidos

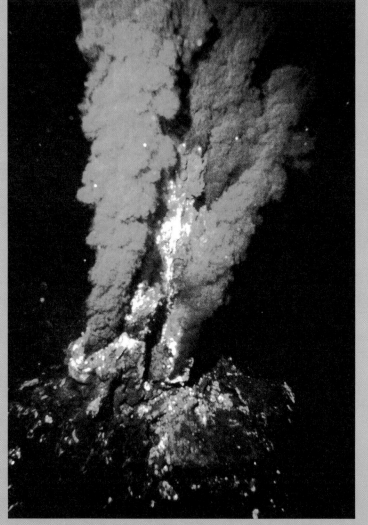

Océanos

Con los aviones podemos ir a todas partes, así que es fácil pensar que no queda un centímetro de nuestro planeta por conocer. Pero lo cierto es que la mayor parte está por explorar. Eso se debe a que el 95 por ciento del espacio habitable de nuestro planeta está en el océano, en su mayor parte en las oscuras profundidades. Son más las personas que han pisado la Luna que las que se han sumergido hasta el punto más profundo del mar. Los batinautas (quienes exploran las profundidades oceánicas) prácticamente cada vez que se sumergen en los abismos descubren nuevas criaturas que nadie conocía.

Solíamos imaginar que el fondo del mar era un lugar vacío, tan oscuro, frío y hostil que nada podía vivir allí. Pero gracias a los hallazgos recientes en el lecho marino, como los asombrosos criaderos de peces hielo, los jardines de esponjas ancestrales y las manadas de cerdos de mar, hemos aprendido a esperar lo inesperado.

Si el monte Everest se desplazara hasta el punto más profundo del océano, su pico quedaría a más de 2000 m bajo la superficie del agua.

En sentido horario desde arriba: jardín de esponjas; exploradora sumergible; peces de hielo cuidando de su nido; fuentes hidrotermales, donde es posible que se originara la vida.

Pepino de mar

El pepino de mar saca sus órganos internos para asustar a los depredadores. ....

El pepino de mar puede parecer un vegetal, pero en realidad es un animal. Pertenece, junto a los erizos y las estrellas de mar, al grupo de los equinodermos, o la familia de los que tienen «piel con púas». Tiene forma de salchicha y se arrastra por el lecho marino con una especie de tentáculos llamados pies tubulares, en busca de restos de plantas y animales diminutos. Cuando localiza su alimento, usa los cinco tentáculos ramificados de la boca para zampárselo.

El pepino de mar respira por el ano, es decir, obtiene el oxígeno del agua que entra y sale de su cuerpo por él. Y ese no es su único truco. Cuando le atacan, puede expulsar algunos de sus órganos para distraer y alimentar al atacante mientras él escapa.

Pepino de mar con cuentas

Cerdo de mar

Pepino de mar
amarillo

Los pepinos de mar, que
pueden ser de muchos
colores, se encuentran en
el lecho marino.

Pepino de mar rojo

7

Medusa con peine

Pese a su nombre, no es una medusa, aunque pertenece a un grupo tan ancestral como estas. Debe su nombre a los pequeños pelos que recorren su cuerpo, que se parecen a las cerdas de un peine. Estos pelos palpitan uno tras otro, como una ola, para propulsarla lentamente por el agua. Para cazar, usan sus largos tentáculos, que no son urticantes, pero que lanzan una sustancia pegajosa. O bien abren su enorme boca y se tragan las presas enteras. Algunas incluso tienen dientes en el estómago, que funcionan como una motosierra diminuta con la que parten las presas.

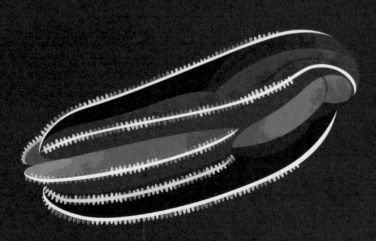

Sus pelos palpitantes se llaman cilios.

Pueden sobrevivir en cualquier
océano, incluido el Ártico.

Pueden brillar por el efecto
de la luz sobre los pelos
en movimiento.

9

Las esponjas de tu baño
parecen inofensivas, pero
algunas esponjas, cuando
están vivas, son letales.

Esta esponja tiene
ganchos punzantes
de cristal con los que
atrapa crustáceos.

Esponja carnívora

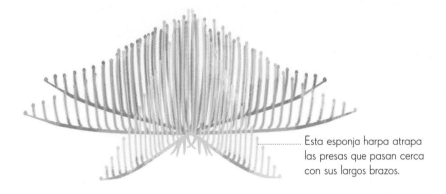

Esta esponja harpa atrapa las presas que pasan cerca con sus largos brazos.

Una esponja natural de las que usamos en el baño en realidad es el esqueleto de un animal llamado esponja. Cuando estaba viva, bombeaba agua por los orificios de su cuerpo y se alimentaba de los trocitos de comida que había en el agua. Pero las esponjas carnívoras suelen vivir en lugares donde no es fácil encontrar alimento, como el fondo del mar o dentro de cuevas. Muchas no bombean agua, sino que apuestan por una estrategia más directa.

Algunas esponjas carnívoras tienen unos diminutos ganchos afilados de cristal en el extremo de unos largos filamentos, que atrapan a las presas como lo haría un hilo de pescar. Otras son como una red de pesca pegajosa, que atrapa todo aquello que pasa cerca. Entonces la esponja hace su magia: modifica su cuerpo para cubrir y digerir la presa atrapada.

Este pulpo se llama Dumbo, como
el elefante volador de la película de
Disney, por sus grandes «orejas».

El pulpo Dumbo
usa sus ocho brazos
para desplazarse
por el agua.

Pulpo Dumbo

El pulpo Dumbo tiene unas aletas que parecen orejas con las que «vuela» por el agua. Esta pequeña criatura tiene el tamaño aproximado de un conejillo de Indias y es el pulpo que vive a mayor profundidad. Moverse aleteando las orejas no es el método más rápido, pero eso no le importa, ya que a esa profundidad no hay muchos depredadores de los que preocuparse.

De hecho, lleva una vida tan despreocupada que ya no es capaz ni siquiera de lanzar tinta, como otros pulpos. Pero vivir en un lugar sin depredadores tiene su lado malo: que no hay mucha comida. Así que, cuando encuentra una sabrosa gamba, se la traga entera para no desperdiciar nada.

Gusano escamoso

Pese a su nombre anodino, el gusano escamoso es un animal realmente extraordinario. Suele encontrarse en las profundidades del océano cerca de fuentes hidrotermales, y no se parece en nada a las lombrices de tierra comunes.

Para empezar, es muy bonito. Sus escamas brillan en el agua y reflejan todos los colores. Además, no se arrastra sobre el vientre, sino que se desliza sobre sus cerdas como si fuera un armadillo acuático. ¡Y, por último, es muy combativo! Los científicos los han visto pelearse entre sí realizando una especie de danza extraña cuando se acercan mucho uno a otro. Hacen breves embestidas contra su oponente yendo adelante y atrás, y pueden arrancar partes de su coraza escamosa con su fuerte mandíbula.

Los gusanos escamosos se enfrentan entre sí cuando están cerca.

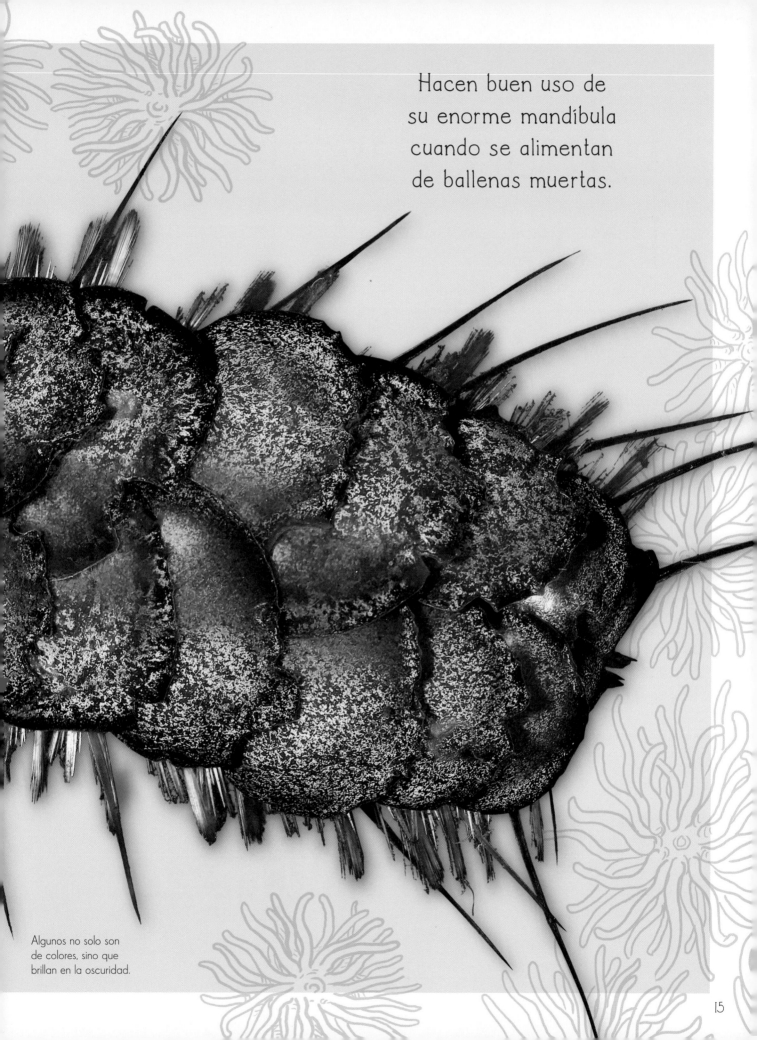

Hacen buen uso de
su enorme mandíbula
cuando se alimentan
de ballenas muertas.

Algunos no solo son
de colores, sino que
brillan en la oscuridad.

Gusano comehuesos

Su nombre científico, *Osedax*, significa «comedor de huesos».

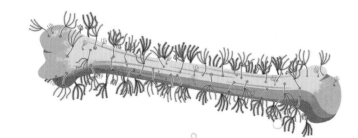

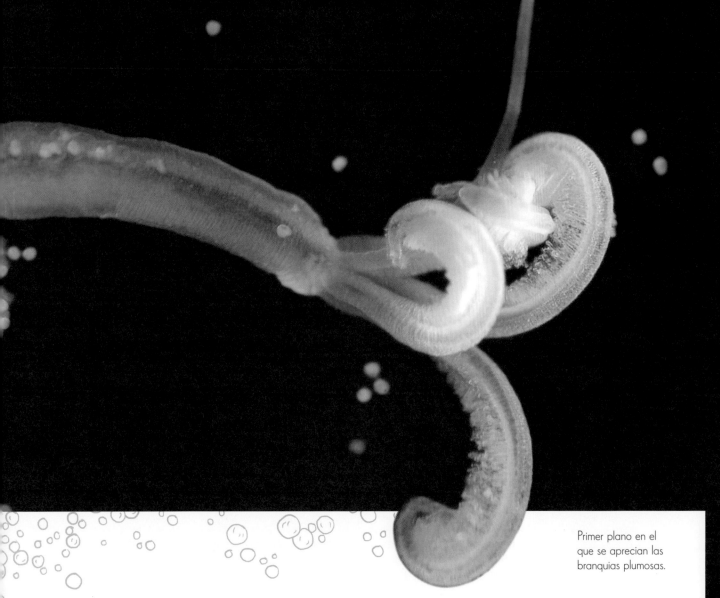

Primer plano en el que se aprecian las branquias plumosas.

En 2002, hubo un descubrimiento extraordinario en la bahía de Monterrey (California, Estados Unidos). Los científicos sumergieron varias cámaras hasta el lecho del mar y vieron una especie de plumeros rosas que sobresalían del esqueleto de una ballena. Resultó que eran gusanos comehuesos. La parte plumosa eran las branquias para respirar en el agua y con el extremo opuesto perforaban los huesos de las ballenas. Estos gusanos no tienen boca ni estómago. Se alimentan fabricando un ácido viscoso tan potente que deshace los huesos. Luego, a través de la piel, absorben los nutrientes, que van directos a la sangre. Comparando los orificios que hacen estos gusanos con otros parecidos hallados en fósiles, los científicos creen que los comehuesos existen desde hace unos 100 millones de años, desde la era de los dinosaurios.

Caracol de pie escamoso

Este caracol vive en uno de los entornos más extraños del planeta. Su hogar se encuentra a 2000 m bajo el agua, en las oscuras profundidades del océano donde apenas hay comida. Vive junto a las fuentes hidrotermales, unas grietas del lecho marino por las que salen sustancias químicas tóxicas y agua supercaliente, a más de 400 °C. Allí, la mayoría de los seres vivos son depredadores, como cangrejos y caracoles letales que inyectan veneno a sus presas.

Por suerte, este caracol dispone de algunas armas secretas para sobrevivir. Tiene una relación especial con las bacterias de su intestino, ya que usa su energía para fabricar su alimento, así que no tiene que cazar. Otras bacterias que viven en su caparazón extraen hierro del agua y le proporcionan una coraza metálica. Su caparazón es de hierro e incluso sus pies tienen una capa de metal.

Viven cerca de las
fuentes hidrotermales
en el océano Índico.

Tiene dos tentáculos
con los que tantea
el entorno, así que
no necesita ojos.

¡Su caparazón de hierro y
sus escamas metálicas hacen
que sea magnético!

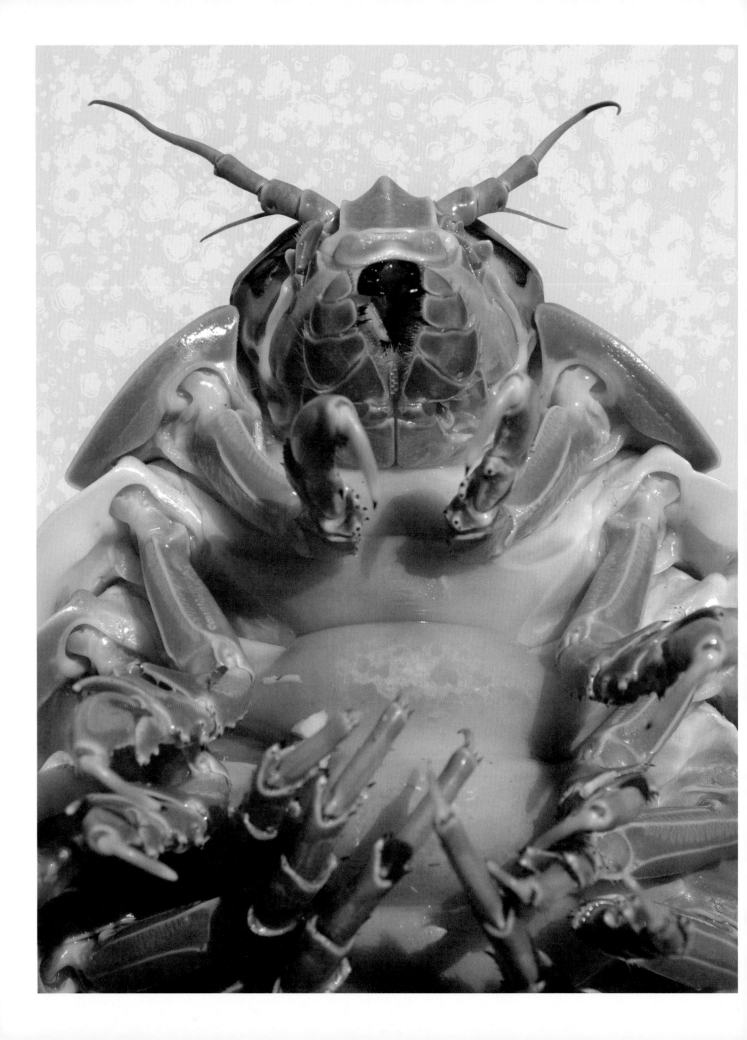

Isópodo gigante

En las profundidades del océano viven unas criaturas que parecen alienígenas, lo que no es del todo extraño, ya que en muchos sentidos se hallan realmente en otro planeta, uno sin luz solar ni estaciones. Además, estos animales viven sometidos a una gran presión, la del peso de toda el agua que tienen encima.

Curiosamente, el hecho de vivir en aguas profundas y gélidas ha hecho que algunos animales marinos sean mucho más grandes que cualquiera de sus parientes. Echa un vistazo al isópodo gigante, por ejemplo. Es un pariente cercano de la cochinilla de la humedad, un insecto común que se encuentra en jardines y parques. Se parecen, sí, pero el isópodo gigante es miles de veces más grande, del tamaño de un gato doméstico, así que también tiene un apetito mucho más grande. Se come cualquier cosa que encuentre en el lecho marino.

Suelen ser carroñeros inofensivos, pero también pueden convertirse en depredadores e incluso atacar a tiburones.

Puede enrollarse en una bola para proteger su parte inferior carnosa.

Anguila tijera

Su larga y delgada mandíbula se curva hacia fuera, así que nunca puede cerrar la boca. Se alimenta de gambitas y plancton.

Pez luminoso

En las profundidades del océano viven billones de peces luminosos.

Pez demonio

Este gran depredador de las profundidades tiene los dientes más afilados y fuertes que la piraña, y unos filamentos bioluminiscentes (dan luz).

Engullidor negro

Con su enorme estómago, puede comer presas el doble de largas y diez veces más pesadas que él.

22

Sifonóforos

Este grupo de animales, que parecen medusas, nadan o van a la deriva por el océano y viven en colonias. Cada sifonóforo desempeña una tarea específica.

Medusa peine

Flotan por el agua como globos aerostáticos multicolores con miles de pelillos. Suelen ser bioluminiscentes.

La zona batial

L a zona batial, conocida también como zona de medianoche, es una parte profunda del océano a la que no llega la luz del sol, por lo que en ella no crecen plantas ni algas. En esta zona solo sobreviven seres vivos que se alimentan de los restos de alimento que caen desde arriba o que se comen entre ellos.

Colmilludo

Tiene dientes enormes, ideales para retener a sus presas.

Gamba pandálida

Vomita una sustancia viscosa brillante para deslumbrar a los depredadores y escapar.

Calamar gigante

Es toda una leyenda de las profundidades del océano. Puede llegar a medir 18 m de largo, como dos autobuses. Tiene los ojos más grandes del planeta, como pelotas de baloncesto. Cuenta con ocho brazos y dos tentáculos que miden como dos personas adultas. Con ellos atrapa peces y otros calamares, que luego se mete en el pico, que es como el de los loros, pero más grande. Aunque no suelen verse en la superficie, viven en todos los océanos del mundo. Debe de haber unos 130 millones. Casi no tiene depredadores naturales; el cachalote es uno de los pocos animales lo bastante grande como para comérselos.

Este calamar contrataca si es
agredido. Muchos cachalotes tienen
marcas circulares de sus ventosas.

Sus ventosas están cubiertas
de dientes afilados.

Es el animal con el cerebro
más grande de la Tierra.

Este cachalote tiene marcas
de ventosas en la piel, de una
pelea con un calamar gigante.

Cachalote

Es la ballena más fuerte y lista del océano. De hecho, es el depredador con dientes más grande del planeta. Solo la ballena barbada es más grande, pero no tiene dientes. Sus dientes cónicos son perfectos para agarrar la carne resbaladiza del calamar gigante, aunque también come pulpos, rayas y otros peces.

Los cachalotes se parecen un poco a los submarinos: son largos, estrechos y de color gris oscuro, con una gran cabeza redondeada. Además, así como un submarino emite latidos ultrasónicos para detectar barcos, las ballenas hacen una especie de chasquidos y esperan a captar algún eco que indique que hay alguna presa oculta en la oscuridad. Pueden sumergirse a más de 1000 m de profundidad, aguantando la respiración hasta una hora mientras cazan. El ser humano solía cazar estas bestias majestuosas, pero eran tan listas y fieras que a veces hundían los barcos balleneros embistiéndolos, lo que inspiró la famosa novela de Herman Melville, *Moby Dick* (1851).

Su nombre científico significa «calamar vampiro del infierno», pero en realidad no tiene nada de aterrador.

Aquí puedes ver los dos enormes ojos del calamar vampiro.

Calamar vampiro

El calamar vampiro se esconde en una zona oscura y silenciosa del océano, la «zona de oxígeno mínimo», donde son muy pocos los animales que logran respirar. Tiene ocho brazos como los otros calamares, pero, en lugar de tentáculos, posee dos largos filamentos cubiertos de pelos pegajosos. Estos se estiran para agarrar la «nieve marina», pequeñas partículas de materia muerta que caen al fondo desde arriba. Si se acerca algún depredador, tiene varios ases escondidos en sus ocho mangas. Posee manchas brillantes en los brazos para deslumbrar al posible atacante. Si eso no funciona, sus brazos pueden lanzar una sustancia viscosa que ilumina al atacante como un árbol de Navidad. Así, el cazador termina siendo cazado, ya que depredadores más grandes acaban localizándolo y atrapándolo.

Tiburón duende

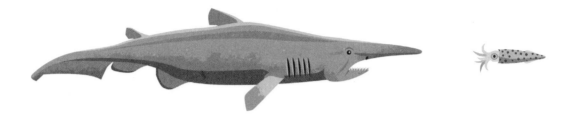

Con su piel rosada, sus dientes como colmillos y su mandíbula móvil, debe su nombre a unas criaturas del folclore japonés parecidas a duendes.

El tiburón duende es tan misterioso como sugiere su nombre. De hecho, se han avistado muy pocos ejemplares vivos. Esta criatura de las tinieblas a veces sube a la superficie por la noche, pero pasa los días a unos 1300 m de profundidad, donde se alimenta de calamares y peces.

Su larga nariz puntiaguda le ayuda a cazar, ya que alberga pequeños sensores de campos eléctricos con los que detecta las presas en la oscuridad. Para comer, este astuto tiburón desencaja la mandíbula y proyecta la boca llena de dientes para pillar a la presa por sorpresa.

Este tiburón duende tiene la mandíbula extendida mientras busca comida por las profundidades.

Lirio de mar

Parece un cruce entre una planta y un plumero, pero el lirio de mar, o «estrella con plumas», es un animal que pertenece al grupo de los crinoideos. Pueden encontrarse sobre las rocas, desde donde atrapan pequeños fragmentos de plancton con sus numerosos brazos plumosos. Estos fabulosos brazos se llaman rayos y están cubiertos por miles de diminutos pies pegajosos, denominados pies tubulares, que le ayudan a desplazar el alimento hacia la boca.

Por lo general, prefieren sujetarse firmemente al lecho marino, pero si deciden moverse, pueden desplazarse hacia arriba por el agua moviendo los rayos uno tras otro.

Los crinoideos son un grupo de animales ancestrales.
Ya vivían en los océanos por lo menos 200 millones
de años antes de que existieran los dinosaurios.

Se puede ver su
boca en el centro.

Los machos pueden llegar
a ser casi diez veces más
grandes que las hembras.

Elefante marino

Como sugiere su nombre, son grandes; de hecho, son las focas más grandes del planeta. Los enormes machos pueden llegar a pesar 3,5 toneladas, más que seis osos polares. Son excelentes buceadores, capaces de aguantar la respiración hasta veinte minutos y de sumergirse más de 2 km en busca de presas.

Pasan la mayor parte de su vida en el mar, pero salen a la orilla para descansar y reproducirse. Los grandes machos mantienen fuertes combates para convertirse en el «amo de la playa». El ganador se aparea con todas las hembras de su territorio. ¡Hasta 1000! ¡El grito del macho es tan potente que se usó para la voz de los velocirraptores en la película *Parque Jurásico*!

El macho emite fuertes
rugidos con la nariz.

La más grande encontrada
medía más de 3 m y pesaba
el doble que un oso polar.

Tortuga laúd

Esta criatura de las profundidades tiene un cuerpo voluminoso y robusto que le ayuda a mantenerse caliente incluso cuando caza en aguas gélidas. Puede sumergirse hasta unos 1200 m, lo que la convierte en el reptil que bucea a mayor profundidad. A pesar de su tamaño, se alimenta básicamente de medusas, así que tiene que comer muchas. Cuando es una cría, pesa como una pelota de golf, pero en solo siete años ya es un adulto y pesa alrededor de 700 kg.

No tiene una mandíbula capaz de triturar como otras tortugas, sino una en forma de tijeras afiladas con la que trocea sus presas. Una vez que se traga a la medusa, esta no puede escapar, ya que el interior de su boca está repleta de unas espinas giradas hacia atrás que lo impiden.

A diferencia de otras tortugas marinas, esta no cuenta con un caparazón óseo, sino que lo tiene de piel correosa y flexible.

Tollo cigarro

Como otros tiburones, remplaza sus dientes con regularidad para que estén siempre nuevos y afilados.

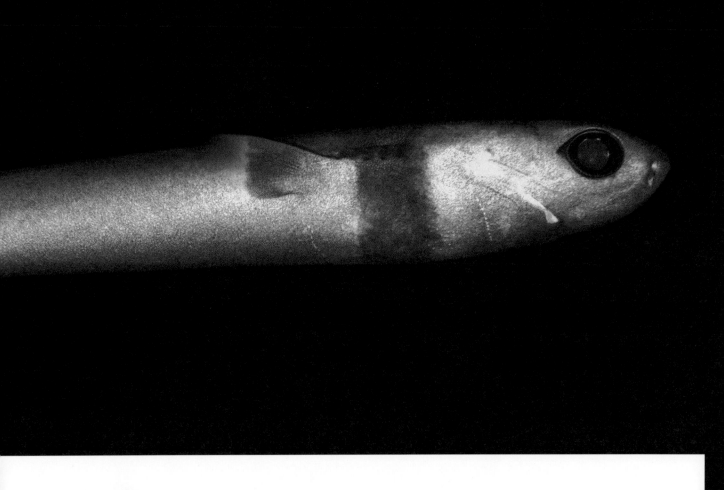

El tollo cigarro es tan bonito como sigiloso. Como tiburón, es bastante pequeño, ya que tiene la longitud y el grosor de tu brazo. Sin embargo, es uno de los más temidos en alta mar. Tiene unos dientes afilados como cuchillas y se atreve con animales grandes como la ballena, el atún e incluso otros tiburones. Con su mandíbula redondeada, puede seccionar la carne. Además, este astuto tiburón es bioluminiscente, es decir, brilla en la oscuridad. También tiene un collarín negro alrededor del cuello que, visto desde abajo, puede parecer una pequeña mancha oscura. ¡Los animales grandes se acercan pensando que han encontrado un pez pequeño, pero son cercenados por el despiadado tollo cigarro!

Se han encontrado marcas circulares que parecen hechas con un cortador de galletas en muchos animales marinos grandes...

Demonio del mar

También conocido como fanfin, este pez abisal debe de ser uno de los animales más raros y aterradores de la Tierra.

Como otros peces abisales, tiene una luz brillante que le cuelga de la cabeza, que se mueve como un señuelo en la oscuridad. El resto de su cuerpo es muy oscuro, así que, cuando los peces hambrientos se acercan a la luz, no lo ven hasta que es demasiado tarde. En un santiamén, sus grandes dientes aparecen en la oscuridad y engullen al visitante cusioso.

Sus increíbles aletas son como bigotes finos y largos que le ayudan a detectar cualquier cosa que pase cerca y están salpicados de lucecitas brillantes. Estas luces ayudan al macho a encontrar una hembra. En cuanto la encuentra, la muerde y se fusiona con ella para siempre.

¡El macho es diminuto ·········· en comparación con la hembra y tiene un aspecto muy distinto!

Solo las hembras tienen unas aletas tan largas y finas, y una luz en la cabeza.

Pez cabeza transparente

En las profundidades vive uno de los peces más raros, el pez cabeza transparente. Es un buen nombre, pues su cabeza parece de gelatina. Dentro tiene dos ojos verdes, redondos y saltones, con los que ve a través de esa transparencia. Pasa la mayor parte del tiempo a unos 800 m de la superficie del agua, donde permanece completamente inmóvil mirando a través de la cabeza.

A esa profundidad, apenas hay luz, pero puede distinguir sombras y formas. Busca el cuerpo alargado de animales como los sifonóforos. En cuanto los localiza, pone los ojos en posición horizontal y se lanza a por ellos. Además de mordisquear los sifonóforos, les roba restos de comida de sus tentáculos con su diminuta boca. Con los ojos escondidos, no hay peligro de que le piquen.

Los ojos verdes le ayudan a distinguir
los colores de las medusas, como si fueran
unas gafas especiales detectamedusas.

Puede girar los ojos hacia
delante y hacia arriba.

Tiene unos enormes
ojos verdes. Los dos
marcas de debajo
parecen ojos, pero
son para oler.

43

Foca barbuda

Descansa y da a luz sobre el hielo marino. Algunas jamás tocan tierra firme.

Narval

El cuerno del narval, o unicornio de mar, en realidad es un diente.

Esponja vítrea

Hace poco, los científicos hallaron unas esponjas filtradoras que vivían bajo 900 m de hielo. Nadie sabe cómo sobreviven.

Mares polares

Los mares polares, en ambos polos del globo, son los lugares más fríos de la Tierra. Las temperaturas en el círculo polar han llegado a -70 °C y en la Antártida a -90 °C. En invierno no se ve el sol en cuatro meses. Quizá no parezcan lugares agradables para vivir, pero estos mares están repletos de vida. Aquí tienes algunos de los animales y las plantas que viven en estas condiciones inhóspitas.

Ártico (Polo Norte)

Antártida (Polo Sur)

Ballena jorobada

Esta ballena migra para pasar el verano pescando en los mares polares. Es famosa por sus embestidas acrobáticas y sus aletazos, y por su bello canto.

Kril

¡Al kril le encantan las algas que crecen bajo los casquetes polares y el kril gusta a todos!

Algas de hielo

En el hielo crecen muchos tipos de algas. Están en la base de la cadena alimentaria y son muy importantes para la vida polar.

Ballena de Groenlandia

Para protegerse del frío, esta ballena tiene una capa de grasa de 50 cm de grosor.

Morsa

Suelen descansar sobre el hielo entre cacería y cacería. Si no hay hielo cerca, nadan hasta tierra firme.

Oso polar

Su nombre científico, *Ursus maritimus*, significa «oso marino», y realmente es un excelente nadador que caza presas entre las banquisas del Ártico.

Tiburón de Groenlandia

Puede llegar a medir 5 m de largo y vivir 400 años. Casi todos son ciegos. Se alimentan de focas e incluso de osos polares.

Charrán ártico

Ve más luz diurna que cualquier otro animal. A finales del verano ártico, vuela al sur para disfrutar del verano antártico.

Draco rayado

Este pez tiene sustancias químicas anticongelantes en la sangre, que evitan la formación de cristales de hielo.

Pingüino emperador

Es el pingüino más grande y sobrevive al clima frío gracias a sus dos capas de plumas y grasa, En la Antártida sobrevive a temperaturas de -50 °C.

Son uno de los pingüinos más pequeños,
por lo que les gusta estar juntos. Hablan entre
ellos constantemente y cazan en grupo.

Pingüino de Adelia

Los pingüinos son bastante torpes en tierra firme, pero en el agua se desplazan como cohetes. Pueden alcanzar los 16 km/h. Van más rápido que la mayoría de nosotros corriendo, algo especialmente útil cuando una foca leopardo hambrienta los persigue. El pingüino de Adelia, que mide unos 70 cm de alto, es el más pequeño de la Antártida, pero también es el más fiero. Golpea a cualquiera que le moleste con sus aletas, incluso a grandes aves depredadoras, como el petrel gigante y la foca, o a los científicos que tratan de estudiarlos...

Los machos construyen nidos con guijarros. Cuanto más grande sea el nido, más atrae a las hembras. Algunos roban piedras a otros machos para que su nido sea el mayor de todos.

Se sumerge hasta
una profundidad de
150 m para cazar
peces y kril.

Mares poco profundos

Los mares poco profundos, con sus bulliciosos arrecifes de coral, sus bosques gigantes de quelpos, sus vastos bancos de peces y sus manadas de delfines, rebosan vida. La principal causa de tanta actividad cerca de la superficie del agua es el sol, que ilumina los mares y les da calor, haciendo prosperar las algas y los diminutos organismos llamados fitoplancton, junto con todos los seres que se alimentan de ellos. También nosotros nos beneficiamos: la mitad del oxígeno, del que dependemos para respirar, lo fabrica el fitoplancton.

Otra razón de que abunde la vida es que estos mares tienen mucha actividad. Olas, corrientes y mareas remueven la comida del fondo del océano. Es la receta perfecta para la vida.

Los mares poco profundos suponen menos del 10 por ciento de la superficie oceánica total, pero albergan la mayor parte de su vida marina.

Desde arriba, en sentido horario: delfines a toda velocidad; arrecife de coral rebosante de vida; bosque gigante de quelpos; algas microscópicas llamadas diatomeas.

Gran tiburón blanco

Es el pez depredador más grande del planeta. Puede llegar a medir como tres hombres adultos y pesar cuatro veces más que un oso pardo. Tiene 300 dientes triangulares y una de las mordidas más fuertes, así que es normal que tenga una fama tan aterradora. Pero rara vez ataca a las personas.

Es un cazador astuto al que le encantan los mamíferos, especialmente los lobos marinos. Cuentan con un ingenioso sistema de camuflaje natural. Si se mira hacia abajo desde la superficie, donde están los lobos marinos, su lomo gris oscuro se confunde con el mar turbio de debajo. Pero desde abajo solo se ve el vientre blanco, que cuesta distinguir del brillante cielo.

Las escamas de su piel tienen forma de dientes afilados. ¡Si las tocaras, podrías cortarte!

Se propulsa por el agua con su poderosa cola.

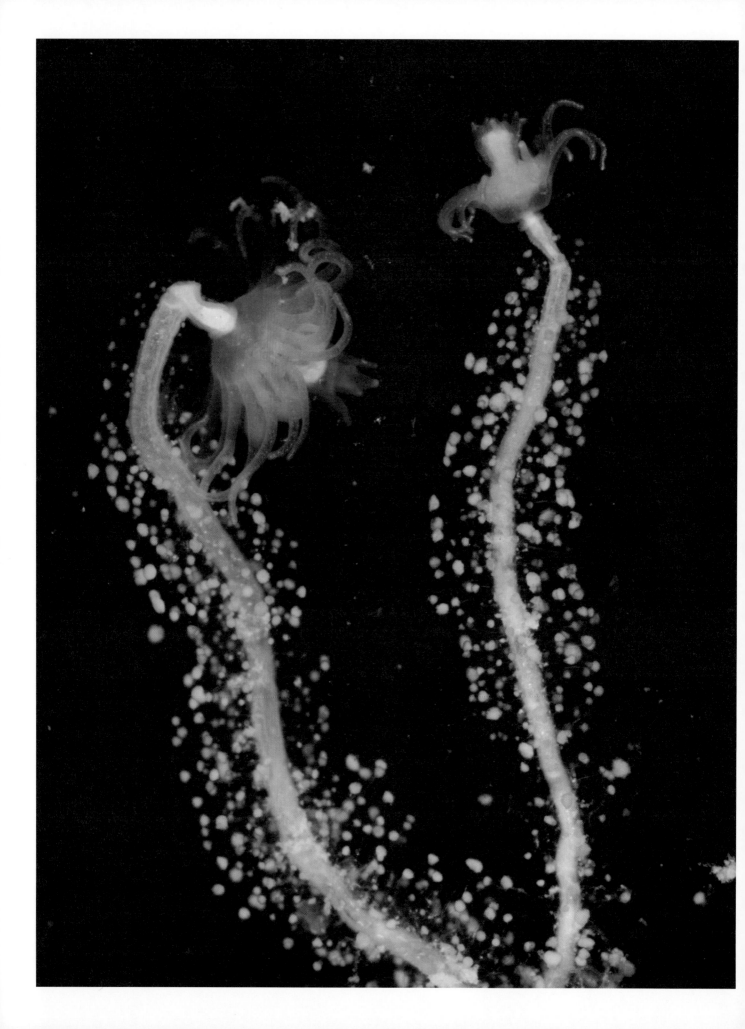

Hongos marinos

Hongos marinos en un salmón rojo.

Los hongos marinos pueden vivir prácticamente en cualquier sitio y sobre cualquier cosa.

Los hongos pueden desarrollarse y encontrar alimento donde otros no son capaces. Los que crecen en la madera muerta, por ejemplo, tienen que descomponer fibras duras que ningún otro ser puede comer. La vida en el mar es bastante más dura que en tierra firme, pero en el agua hay hongos por todas partes. Viven entre los granos de arena del lecho marino, en los salmones del océano Pacífico, en las esponjas de los arrecifes de coral e incluso en el círculo polar ártico, donde se alimentan de algas.

Suelen ser microscópicos y forman una capa viscosa sobre otros organismos. Por eso son difíciles de ver y de estudiar. Además, son muy útiles, ya que sirven para hacer medicinas. Su habilidad para descomponer alimentos que otros no pueden descomponer ayuda a mantener el océano sano. Algunas especies se comen el plástico que tanto contamina y otras son capaces de disolver los vertidos de petróleo.

Hongos marinos en un hidroide, un pariente de la medusa.

Calamar volador

El calamar volador es uno de los animales más curiosos. Hay muchos tipos de calamares voladores en el mundo y su color puede variar desde el azul eléctrico al rojo carmesí. Su vida es muy dura: ¡solo vive un año y puede acabar comido por casi cualquier otro animal, incluso delfines, atunes u otros calamares voladores más grandes! Pero tienen un método perfecto para escapar. Se propulsan a sí mismos hacia el exterior disparando agua como una pistola de agua. Una vez en el aire, ponen la aleta caudal plana y extienden los brazos formando una especie de ala. Mientras vuelan, tienen que tener cuidado con los pájaros. Los evitan con los tentáculos, que usan para frenar y chapotear en el agua.

Hasta 50 calamares vuelan a
la vez por encima de las olas.

En realidad no vuela, sino
que se propulsa unos 9 m
por encima del agua.

No te dejes engañar por
el precioso caparazón.
Su picadura es venenosa
y puede ser fatal.

Aquí ves el tubo blando,
llamado probóscide, que
sale del caparazón cónico.

56

Caracol cónico

El caracol cónico dispara
el arpón a su presa.

Los caracoles suelen tomarse la vida con calma, así que no solemos asociarlos con los animales letales. Pero el caracol cónico es distinto. La mayoría de los caracoles tienen una tira áspera en la boca llamada rádula, que usan para raspar y cortar el alimento antes de digerirlo. En el caracol cónico, la rádula se ha transformado en algo distinto: un arpón venenoso suficientemente potente como para matar a un ser humano.

Mientras se acerca lentamente a un pez confiado, dirige un largo tubo blando hacia la presa. Luego dispara el arpón, que sale como una bala. El veneno es tan fuerte que el pez queda paralizado al instante, lo que el caracol aprovecha para llevárselo a la boca.

Lobo marino de California

Por su nombre, quizá pienses que vive solamente en California, Estados Unidos. Pero en estado salvaje puede encontrarse tan al norte como Canadá y tan al sur como México. Estos inteligentes animales siempre están en busca de un bocado fácil. Pueden cazar en grupo, y a veces colaboran con ballenas y aves marinas para atrapar peces de un cardumen. Cuando los peces se apretujan para escapar de los depredadores, aprovechan la confusión para hacerse con ellos.

Los lobos marinos pueden desplazar las aletas bajo el cuerpo, lo que hace que les resulte mucho más fácil salir del agua y desplazarse por tierra firme. Por eso es fácil encontrarlos dormitando en barcos y embarcaderos.

Les encanta estar juntos, pero pueden resultar ensordecedores, ya que ladran muy fuerte, como los perros.

Lobos marinos cazando en un enorme cardumen de peces.

Puede absorber alimentos líquidos
y pastosos por la piel.

Para comer, saca por la
boca un tubo llamado
probóscide.

Gusano cordón de bota

El animal más largo del mundo no es la ballena azul, sino el gusano cordón de bota. Cuesta saber exactamente lo largo que es, ya que es bastante elástico. Uno que acabó en la orilla tras una tormenta medía 55 m, casi el doble que una ballena azul. Sin embargo, tiene el grosor de un dedo.

Como gusano, es bastante temible. El nombre de la familia a la que pertenece, «nemertea», significa «infalible». ¡Y desde luego cuando se trata de conseguir comida, como gusanos, cangrejos y peces, nunca comete un error ni se le escapa una presa! Estos curiosos gusanos suelen encontrarse en la orilla, entre pozas y algas marinas o bajo las rocas. Parecen frágiles, pero pueden producir un veneno viscoso capaz de aniquilar cangrejos y pequeños animales al instante.

Este gusano puede tirar de la presa hacia su boca y tragársela entera.

Quelpos

Vistos desde la superficie, los quelpos gigantes parecen una maraña parda que flota, pero bajo el agua se forma un imponente bosque mágico. Las frondas pueden alcanzar los 50 m de altura, el doble que en un bosque o una selva terrestre. No es extraño que albergue tantas formas de vida, como las que mostramos aquí, que viven en el bosque de quelpos de la bahía de Monterrey (California, Estados Unidos).

Pulpo gigante de California

Es el pulpo más grande del mundo y suele vivir en los bosques de quelpo, donde hay muchos sitios para cazar y esconderse.

Nudibranquio encapuchado

Este nudibranquio tiene una boca enorme que se proyecta para atrapar pequeños crustáceos.

Erizo de mar

Pueden arrasar bosques de quelpos enteros. Sus cinco afilados dientes cortan los quelpos de raíz.

Caracol superior de Norris

Las largas frondas del quelpo son como autopistas para los caracoles. Se mueven por el quelpo para alimentarse en la superficie durante el día.

Ballena gris

Los bosques de quelpo son tan grandes que las ballenas grises y sus crías se esconden en ellos para escapar de las orcas.

Nutria marina

Es vital para los bosques de quelpo gigante, ya que se come los erizos de mar. Sin ella, estos bosques desaparecerían.

Quelpo gigante

Puede crecer hasta 0,6 m al día. Cada hoja dispone de una especie de pequeño flotador, para que el quelpo crezca hacia arriba.

Garibaldi

Parece un gran pez dorado enfadado. Es muy territorial con su trozo de bosque.

Estrella de mar gigante

Caza caracoles y, cuando los atrapa, saca el estómago por la boca y se zampa la presa.

Abalón

Es conocido por su bonito caparazón, que necesita para protegerse, ya que todos los animales se lo quieren comer.

Ballena azul

La ballena azul es el animal vivo más grande y posiblemente sea también el más grande que ha existido jamás. El ejemplar de mayor tamaño del que se tiene noticia pesaba 190 toneladas, unas 20 veces más que un T-rex. Solo su lengua pesa como un elefante africano. Este mamífero gigante, que mide 30 m de la boca a la cola, es como un avión jumbo. Para alcanzar ese tamaño descomunal, toma cantidades ingentes de unas criaturas diminutas llamadas plancton. Abre la boca al máximo y deja que entre el agua. Luego la hace pasar a través de sus barbas, de modo que el plancton queda atrapado en su boca.

A pesar de su enorme tamaño, no puede tragar nada más grande que un pomelo porque su garganta es muy pequeña.

Gracias a su piel elástica, puede retener en la boca una cantidad de alimento y agua equivalente a su peso corporal.

Sus dientes tienen
muescas para poder
filtrar el kril del agua.

Foca leopardo

Como el gran felino con el que comparte nombre, la foca leopardo es una temible cazadora con la piel moteada. Su aspecto es curioso, ya que tiene cabeza de dragón, grandes orificios nasales y una ancha mandíbula repleta de dientes. Las hembras son más grandes que los machos, algo inusual entre las focas. Pueden pesar más que un oso polar y medir el doble que un humano.

Es carnívora y tiene un gran apetito. Come de todo, desde kril y pulpos hasta pingüinos y lobos marinos. Incluso ha cazado algún humano. Por suerte para nosotros, es más bien lenta y torpe en tierra firme, pero en el agua se desplaza como una bala.

En cuanto a sus métodos de caza,
es realmente feroz. Sacude a la presa tan
fuerte que puede romperla en pedazos.

Los machos luchan como caballeros medievales.
Bajan la cabeza y se atacan con las largas
espinas de la espalda.

Pez león

A primera vista puede parecer demasiado lento y delicado como para ser peligroso, pero no te fíes. Se desplaza mansamente por el agua con su cresta de plumas recorriéndole la espalda y las aletas. Pero dicha cresta esconde afiladas espinas venenosas. Si te pica, te hará mucho daño y el dolor te durará varias semanas.

Las rayas del pez león actúan como las del tigre, ayudan a difuminar su figura para que pueda mimetizarse con el entorno. Las delicadas aletas, por su parte, se confunden con los corales blandos y las anémonas. Cuando caza, se acerca lentamente a sus presas y luego se lanza hacia delante para aspirarlas de golpe.

El pez león procede de las aguas cálidas y tropicales de los océanos Índico y Pacífico.

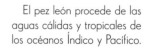

Alga ojo de marinero

En los mares tropicales, entre montones de restos de coral, puedes encontrar relucientes ojos de marinero mirándote fijamente. No es el resultado de ninguna sangrienta batalla entre piratas. Se trata de una de las algas más fascinantes que existen. Estas bolas, llamadas también algas burbuja, pueden ser del tamaño de un guisante o como una pelota de pimpón.

Bajo el agua parecen negras, plateadas o verdes. Y son tan lisas y brillantes que también se conocen como perlas marinas. Nuestro cuerpo contiene unos 30 000 millones de células, pero esta alga tan solo tiene una. Es uno de los seres unicelulares más grandes del planeta.

Si la revientas, le sale una sustancia viscosa de la que surgen muchas algas nuevas.

Medusa inmortal

Mide unos 4,5 mm de ancho y tiene unos 90 tentáculos.

La increíble capacidad que le permite
envejecer y rejuvenecer fue descubierta
en la década de 1980.

Las medusas salen
de los pólipos.

Una medusa empieza su vida en un huevo
diminuto. Luego se convierte en una
pequeña larva, llamada plánula, que acaba en el
lecho marino. Allí crece hasta ser un pólipo, que parece
una flor con tallo y corola. Del pólipo sale la joven medusa,
como si fuera la cabeza de un girasol, y se aleja nadando.

Pero crecer puede resultar muy estresante para una medusa,
con tantos seres dispuestos a comérsela y a veces tan poca comida que
llevarse a la boca. Pero la medusa inmortal tiene un poder oculto: puede
quitarse años cuando las cosas se ponen feas. ¡Puede volver a convertirse
en un pólipo y luego de nuevo en adulto! Y puede hacerlo infinitas veces,
así que, mientras no se la zampen y no enferme, no muere nunca.

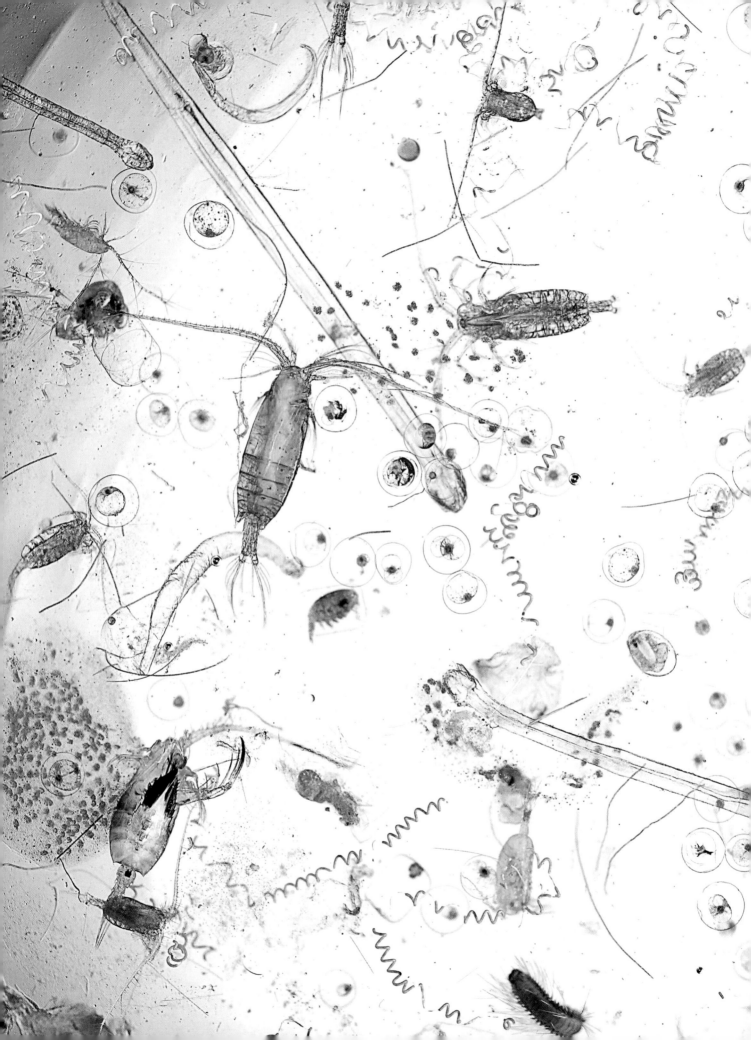

Plancton oceánico

El plancton es la base de la cadena alimentaria. Es esencial para la vida tanto de los peces más pequeños como de las ballenas más grandes.

El océano está repleto de animales y plantas diminutas llamadas plancton. La palabra «plancton» significa «a la deriva», y es que estas pequeñas formas de vida no son lo suficientemente grandes ni fuertes como para luchar contra las mareas o las corrientes, así que van a la deriva por el océano. Muchos organismos son planctónicos solo de jóvenes, como muchos peces, cangrejos y estrellas de mar.

Otros tipos de plancton, como las algas microscópicas, se pasan la vida entera a la deriva. El zooplancton (o plancton animal) puede nadar para escapar de los depredadores. Suele esconderse en las profundidades durante el día y salir a la superficie por la noche.

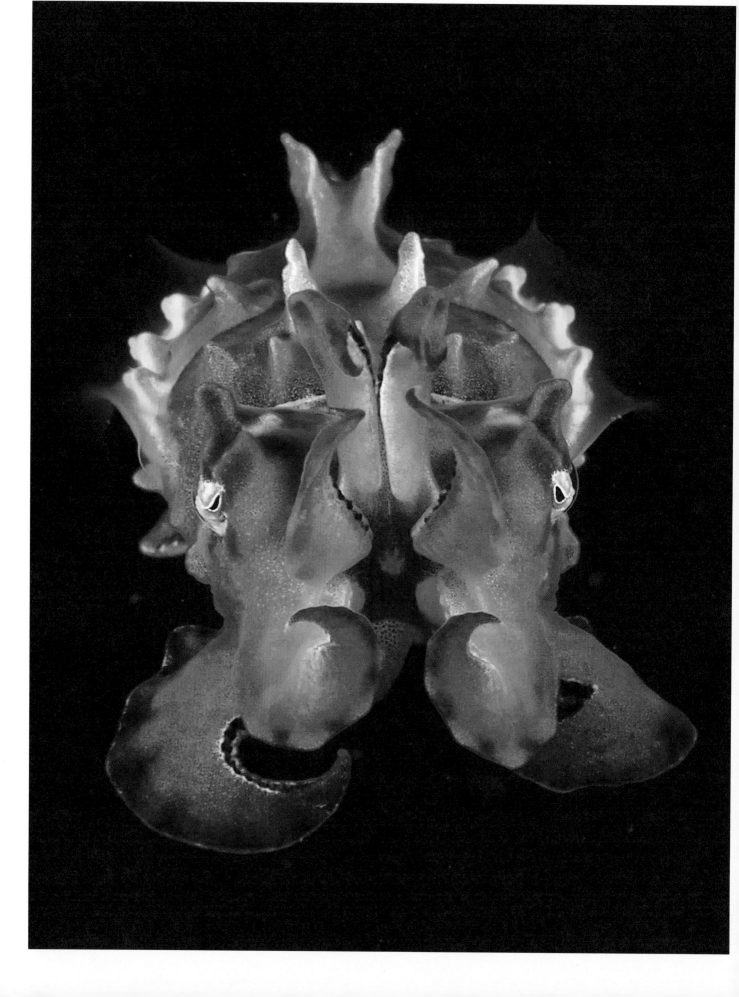

El macho abulta como tu dedo,
pero su veneno puede matarte.

Sepia
extravagante

Dicen que lo bueno viene en frascos pequeños y eso es bien cierto en el caso de la sepia extravagante. Este molusco de vivos colores se muestra bastante activo durante el día, algo poco habitual entre los cefalópodos. Su color es precioso, pero en realidad es una advertencia, pues es un animal venenoso, tan letal como el pulpo de anillos azules.

Tanto los machos como las hembras pueden cambiar de color para camuflarse y acercarse sigilosamente a peces y crustáceos. El macho reserva sus diseños más llamativos para cuando hay depredadores cerca o para atraer a las hembras. El macho es hasta diez veces más pequeño que la hembra, así que para ganársela tiene que impresionarla con sus movimientos de baile.

Esta sepia puede extender los brazos hacia abajo y usarlos para andar por el lecho marino.

Hembra

Macho

Tiburón globo

No todos los tiburones son feroces. Algunos son muy asustadizos, como por ejemplo el tiburón globo, que es inofensivo para los humanos. Tiene cientos de afilados dientes, pero suele alimentarse aspirando peces y crustáceos con su enorme boca. A veces incluso se limita a quedarse quieto con la boca bien abierta esperando a que entren las presas.

Vive en las aguas cálidas del océano Pacífico oriental. Gracias a su piel parda y llena de manchas, se camufla fácilmente entre las pozas y las algas. Cuando se siente amenazado, usa un truco muy curioso: se enrosca formando un círculo, se muerde la cola, traga un montón de agua... y se hincha. Así resulta más difícil morderlo y también apresarlo si queda atrapado debajo de las rocas. Para volver a su tamaño normal, ladra como un perro y expulsa el agua.

Cuando se hincha, este extraordinario
tiburón puede doblar su tamaño.

Tiburón globo
en un arrecife de
coral en California
(Estados Unidos).

Delfín rotador

Este alegre delfín salta fuera del agua y puede dar hasta siete volteretas en el aire, lo que le ayuda a deshacerse de los parásitos.

Pez león colorado

¡Cuidado con el pez león! Sus afiladas espinas tienen un veneno letal.

Corales

Esponja tubo azul-gris

Las esponjas están formadas por miles de animales diminutos. Bombean agua a través de sus tubos para alimentarse de restos.

Los corales, parientes de las medusas y las anémonas, están formados por millones de animales diminutos. Los arrecifes de coral ocupan solo un 1 por ciento de los océanos, pero albergan una cuarta parte de todas las especies marinas. Aquí vemos algunas de las maravillosas criaturas que nadan por las cálidas aguas del arrecife de Raja Ampat, en Indonesia.

Cinta amarilla

Este pez pertenece a la familia de los roncadores. Emiten un sonido parecido al de los cerdos, que hacen con los dientes.

Coral cerebro

¡Puede llegar a medir como una persona y vive hasta 900 años! Por la noche, le salen diminutos tentáculos urticantes con los que se alimenta de presas que pasan cerca.

Caracola tritón gigante

Este molusco se alimenta de coronas de espinas que trocea con su boca en forma de sierra. Ayuda a limitar su número.

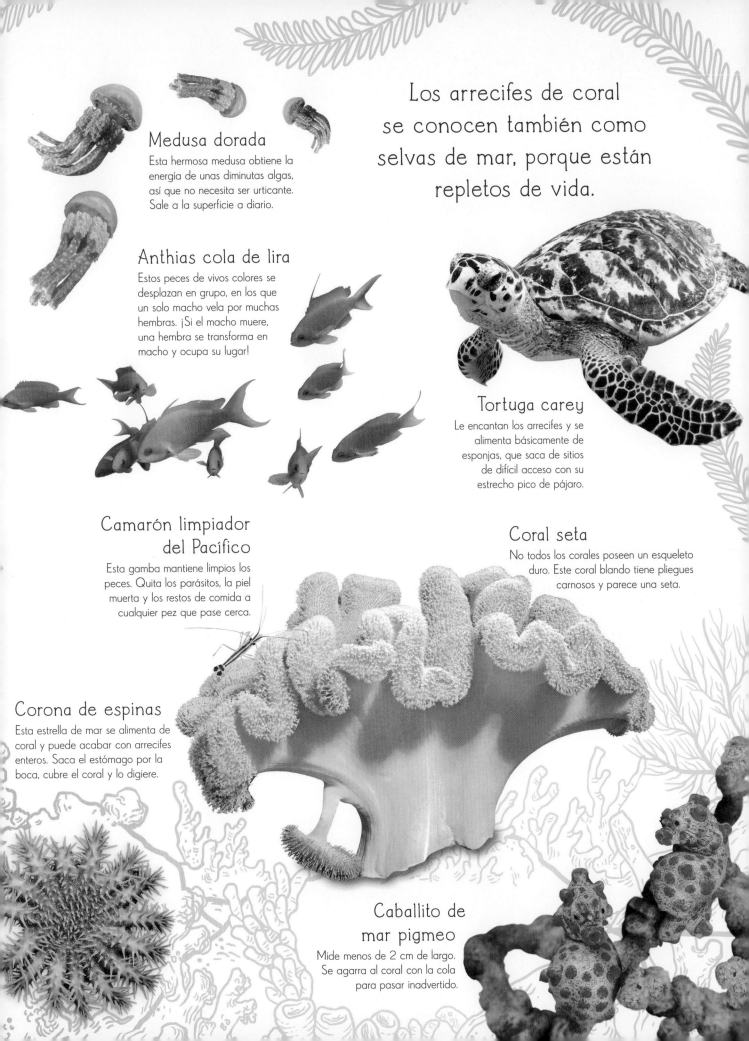

Medusa dorada

Esta hermosa medusa obtiene la energía de unas diminutas algas, así que no necesita ser urticante. Sale a la superficie a diario.

Anthias cola de lira

Estos peces de vivos colores se desplazan en grupo, en los que un solo macho vela por muchas hembras. ¡Si el macho muere, una hembra se transforma en macho y ocupa su lugar!

Los arrecifes de coral se conocen también como selvas de mar, porque están repletos de vida.

Tortuga carey

Le encantan los arrecifes y se alimenta básicamente de esponjas, que saca de sitios de difícil acceso con su estrecho pico de pájaro.

Camarón limpiador del Pacífico

Esta gamba mantiene limpios los peces. Quita los parásitos, la piel muerta y los restos de comida a cualquier pez que pase cerca.

Coral seta

No todos los corales poseen un esqueleto duro. Este coral blando tiene pliegues carnosos y parece una seta.

Corona de espinas

Esta estrella de mar se alimenta de coral y puede acabar con arrecifes enteros. Saca el estómago por la boca, cubre el coral y lo digiere.

Caballito de mar pigmeo

Mide menos de 2 cm de largo. Se agarra al coral con la cola para pasar inadvertido.

Puede alcanzar los
25 cm de alto.

Los fragmentos parecen
unidos con pegamento.

82

Halimeda

Las algas más típicas son las marinas, como la sargazo vesiculosa, que está cubierta de vesículas, o el enorme quelpo gigante. Pero otras son mucho más extravagantes, como la Halimeda, que crece en los mares tropicales poco profundos, especialmente alrededor de los arrecifes.

Este tipo de alga está formada por unos discos verdes dispuestos en hileras y tiene un esqueleto. Todo su cuerpo está lleno de carbonato cálcico, la misma sustancia que se encuentra en la cáscara de los huevos y las perlas. Cuando muere, su esqueleto se convierte en una capa arenosa calcárea. La siguiente generación de Halimeda crece encima. En la Gran Barrera de Coral de Australia hay vastas zonas cubiertas de estructuras de Halimedas en forma de dónut que tienen miles de años.

El pez luna es el pez óseo
más pesado de la Tierra.

Pez luna

Parece una gran cabeza aplanada de la que sobresalen unas paletas arriba y abajo. Es enorme y puede llegar a pesar 2000 kg. ¡Más que un hipopótamo!

Se mueve entre la superficie y el océano profundo, siempre en busca de algo que llevarse a la boca. No es quisquilloso con la comida: se alimenta de medusas, plancton, calamares, crustáceos y peces. No puede cerrar la boca del todo, así que aspira la presa hacia la boca, la rompe en pedazos con los dientes y se la traga. Cazando en la oscuridad se pasa mucho frío. Por eso cuando está helado, sale a la superficie a tomar el sol.

Puede medir 4 m de
la punta de una aleta
a la de la otra, como
un elefante de alto.

Cangrejo pompón

.... Agarra anémonas con las pinzas para ahuyentar a los depredadores.

¡También se conoce como cangrejo boxeador, porque las anémonas que sujeta parecen guantes de boxeo!

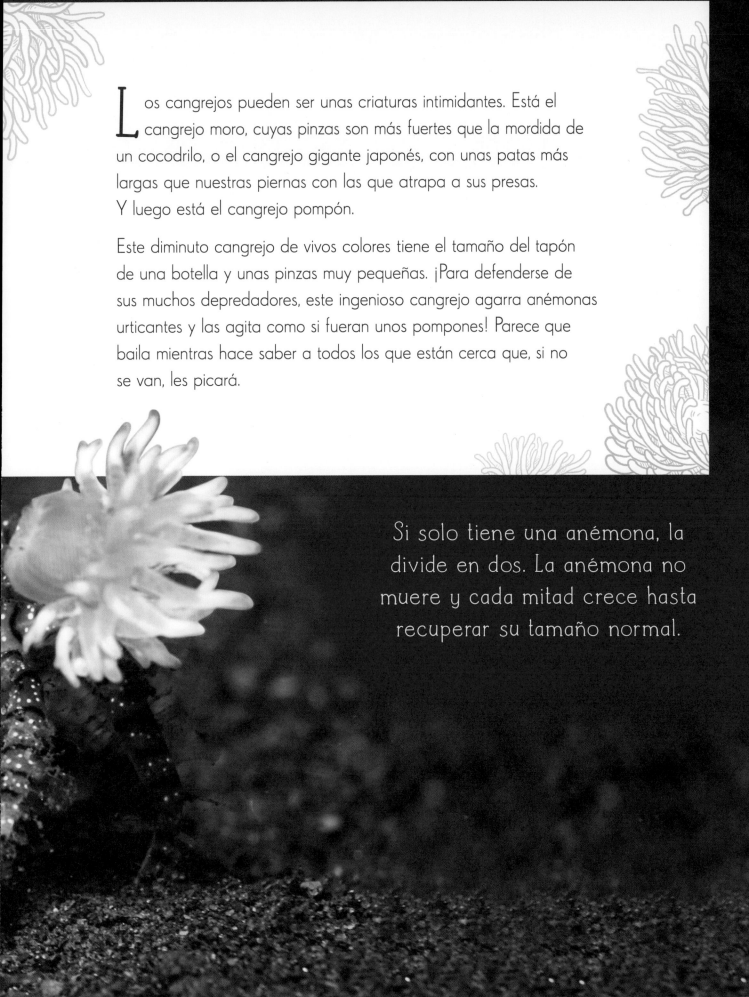

Los cangrejos pueden ser unas criaturas intimidantes. Está el cangrejo moro, cuyas pinzas son más fuertes que la mordida de un cocodrilo, o el cangrejo gigante japonés, con unas patas más largas que nuestras piernas con las que atrapa a sus presas. Y luego está el cangrejo pompón.

Este diminuto cangrejo de vivos colores tiene el tamaño del tapón de una botella y unas pinzas muy pequeñas. ¡Para defenderse de sus muchos depredadores, este ingenioso cangrejo agarra anémonas urticantes y las agita como si fueran unos pompones! Parece que baila mientras hace saber a todos los que están cerca que, si no se van, les picará.

Si solo tiene una anémona, la divide en dos. La anémona no muere y cada mitad crece hasta recuperar su tamaño normal.

Abanico
de mar púrpura

En este primer plano se aprecian las ramas y los pólipos unidos a ellas.

Puede parecer frágil, pero es capaz
de aguantar fuertes corrientes. Incluso
puede sobrevivir a un huracán.

Cuesta creer que sea un animal, ya que parece un arbolito aplastado por una apisonadora. En realidad, es un tipo de coral llamado gorgonia. Si observas las ramas de cerca, verás miles de brazos diminutos que te saludan. Esos brazos, que parecen anémonas, se llaman pólipos y atrapan cualquier alimento que pase cerca.

Los abanicos de mar tienen un esqueleto flexible, de un material parecido a tus uñas, que les permite doblarse y balancearse en el agua sin romperse. Les gusta poner las ramas rectas para que los pólipos puedan atrapar el máximo de plancton.

Se le ha visto adoptar
la forma de un cangrejo gigante,
una raya águila, una anémona
de mar y una mantis marina.

Sus rayas imitan los
colores de algunos
animales venenosos,
como las serpientes
marinas.

Pulpo mimo

¿Es una medusa? ¿Es un pez plano? ¿Es un pez león? Pues no, es el pulpo mimo, un maestro del camuflaje. Este pulpo, que normalmente es blanco y negro, caza durante el día por los mares de Indonesia, que están repletos de posibles depredadores. Para evitar ser comido, puede transformarse: su piel adopta distintos colores, cambia los brazos de sitio y se mueve como, o imita, a otros animales.

Es tan listo que puede imitar a un animal que el posible depredador quiera evitar por todos los medios. Por ejemplo, cuando se acerca alguna damisela, el pulpo mete seis de los ocho brazos por un agujero y extiende los otros dos en direcciones opuestas formando una larga línea. Luego cambia el color de dichos brazos y los agita para que parezcan una cobra marina, una serpiente venenosa que ataca a las damiselas.

Posidonia

Es la única planta con flores que crece en el océano.

Con sus largas y verdes hojas mecidas por la corriente parece más propia de tierra firme. Igual que los prados de hierba, las praderas de posidonias cuentan con distintos pastoreadores, como los manatíes y los dugongos, conocidos como «vacas marinas», o como las tortugas, las aves marinas, los erizos de mar e incluso los hongos. Proporcionan alimento y un lugar perfecto para esconderse. Por eso muchas criaturas las usan como zonas de reproducción y criaderos, entre ellas las sepias, los tiburones y los caballitos de mar.

Se encuentran en aguas saladas poco profundas de muchas partes del mundo. Pueden absorber una cantidad 35 veces mayor de carbono que los bosques, lo que es muy útil en la lucha contra el calentamiento global. Por desgracia, los barcos y las anclas las destruyen con mucha facilidad. En los últimos 150 años, una tercera parte de las praderas de posidonias han desaparecido, pero cada vez son más los que trabajan para proteger este valioso hábitat.

Como todas las plantas terrestres, tienen raíces, tallos y hojas, y producen flores y semillas.

Se desplazan tan lentamente por
las aguas bañadas por el sol que las
algas pueden crecer sobre ellos.

Dugongo

Al ver un enorme dugongo con su gran hocico plano y áspero, cuesta creer que los marineros pudieran confundirlos con sirenas... Estas «vacas marinas» pastan en las praderas de posidonias y viven exclusivamente en agua salada, mientras que sus parientes más grandes, los manatíes, también pueden vivir en agua dulce. Los dugongos se desplazan muy despacio la mayor parte del tiempo, pero cuando mueven su cola de delfín pueden retroceder con rapidez, sobre todo si hay algún tiburón tigre cerca.

Los machos adultos tienen colmillos, que usan para luchar por las hembras encarnizadamente. Cuando un macho consigue una hembra, permanece con ella el resto de su vida, lo que es bastante tiempo, ya que pueden llegar a vivir hasta 70 años.

Este dugongo se alimenta en una
pradera de posidonias del mar Rojo.
Junto a él nada un jurel dorado.

Pez vela

Con una velocidad máxima
de 110 km/h, podría seguir
el ritmo de un coche.

Pez vela atacando un
banco de sardinas en
el mar Caribe.

El pez vela surca el agua a toda velocidad con su alargada
mandíbula superior en forma de lanza, llamada pico. Como su
nombre indica, la aleta de la parte superior de su cuerpo parece la
vela de un barco, que puede ser más alta que lo que mide el pez de
largo. Cuando encuentra un banco de pececillos, como las sardinas,
puede levantar la vela y usarla a modo de barrera, rodeando los
peces y bloqueándoles la salida.

No solo es el pez más rápido del mundo, sino que suele cazar en
grupos de hasta 50. Cuando localizan su objetivo, mueven el pico
de un lado a otro aturdiendo o incluso empalando a las indefensas
presas. Al terminar, solo queda una nube de escamas brillantes.

Delfín beluga

No fue considerado una clase de delfín
hasta 2005. Ahora los científicos intentan
averiguar más sobre esta especie.

El delfín beluga no tiene el hocico alargado ni el cuerpo estilizado de la mayoría de los delfines, sino una cara redondeada, un cuello flexible y una única aleta dorsal.

Vive alrededor de Australia y Papúa Nueva Guinea. Para localizar a sus presas, emite unos chasquidos tipo sonar. Los chasquidos provocan ondas sonoras que viajan por el agua, rebotan en los objetos y luego regresan hasta el delfín en forma de ecos. Cuando está cerca de su presa, golpea el agua con la aleta caudal para aturdirla. A veces algún pájaro se lanza en picado y le roba la presa. Para impedirlo, lanza enormes chorros de agua delante de él, lo que sirve para ahuyentar a las aves.

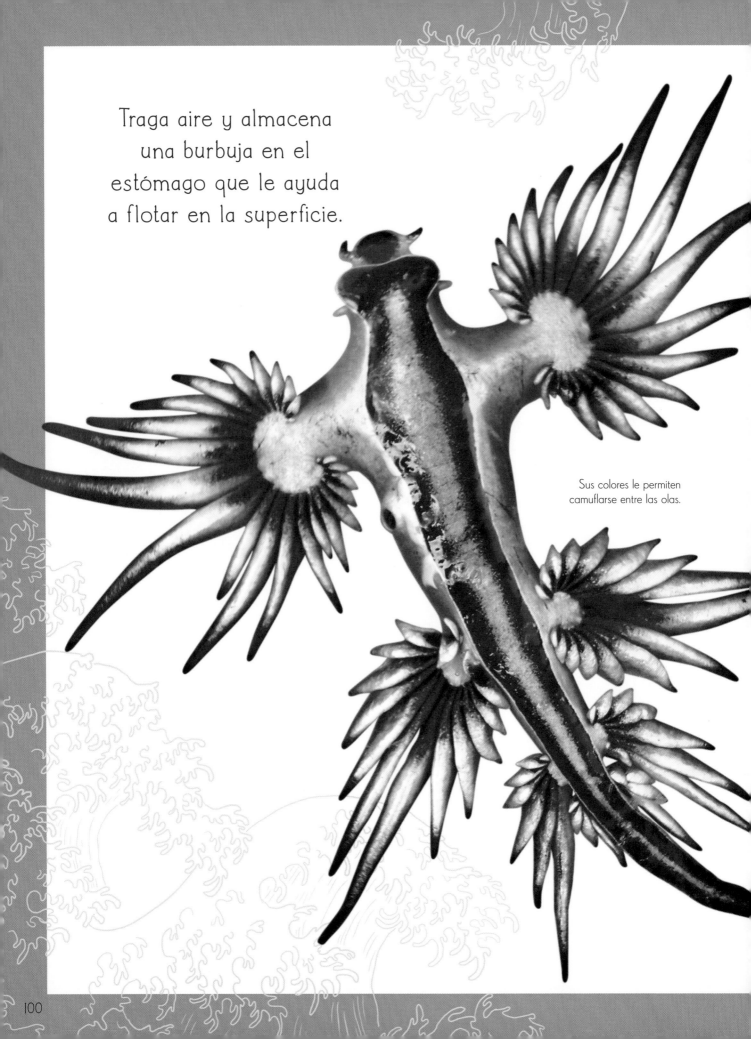

Traga aire y almacena
una burbuja en el
estómago que le ayuda
a flotar en la superficie.

Sus colores le permiten
camuflarse entre las olas.

Dragón azul

Si te tropiezas con un dragón azul, probablemente pienses que es de otro planeta. Tiene rayas de color plateado y azul intenso por todo el dorso viscoso, desde la punta de los cuernos hasta el extremo de su larga y delgada cola. Tiene unas alas que parecen largos tentáculos. Además, es venenoso y un gran depredador. Así pues, ¿qué es exactamente? Bueno, es… ¡una babosa de mar del tamaño de tu meñique!

Vive en la superficie del océano. Caza medusas y un grupo de animales llamados sifonóforos, que incluye a la letal carabela portuguesa. Una vez que atrapa a una de ellas, la muerde. Sorprendentemente, puede absorber las células urticantes y usar su veneno, almacenando sus púas en la punta de las alas.

Se come a su presa hasta que no queda nada de ella.

Humedales

Hay zonas del planeta que los ríos y los mares inundan muy a menudo o que la lluvia empapa tanto que casi nunca se secan. Estos humedales están a caballo entre la tierra firme y el agua. En ellos, las condiciones pueden cambiar en un momento. El lecho pantanoso de muchos de estos humedales contiene los restos descompuestos de plantas terrestres que se hundieron en las inundaciones.

Tanta muerte puede hacer que el agua se vuelva tóxica para los peces y los anfibios, pero también puede formar el compost perfecto para que el ciclo de la vida recomience. Para aquellos capaces de adaptarse a este ambiente tan imprevisible, hay mucha comida, siempre que se sepa dónde buscar.

El 40 por ciento de las plantas
y animales del mundo depende
de los humedales.

En sentido horario desde
arriba a la izquierda:
juncos; manatí; espátula
rosada; pirañas; jaguar;
y el delta del Okavango,
en Botsuana.

Hay ocho especies de jacana.
Viven en los humedales
tropicales de África, Asia,
Sudamérica y Australia.

Jacana

La jacana tiene unos dedos finos, casi tan largos como su cuerpo, que le ayudan a sostener su peso cuando se desplaza por las plantas flotantes. Caza entre los nenúfares, que voltea para ver si debajo hay caracoles, peces o insectos. Las jacanas pasan tanto tiempo de pie que muchas especies apenas saben volar. Para escapar del peligro, se esconden bajo el agua dejando fuera el pico a fin de poder respirar. Anidan en los nenúfares, a salvo de los depredadores terrestres. Suele ser el macho el que incuba los huevos y se encarga de las crías. Si los polluelos necesitan protección, se los mete bajo el ala y los lleva a un lugar seguro.

Esta jacana africana lleva a sus polluelos bajo el ala. ¿Ves cómo sobresalen sus largos dedos entre las plumas?

Vejiga flotante

Podría considerarse como el tiburón tigre del mundo vegetal. De hecho, es una planta omnívora que come de todo, desde pequeños insectos hasta algas.

Tiene pequeñas trampas con vejigas en forma de burbuja a lo largo de sus ramas. Cada trampa dispone de una puerta rodeada de unos pelillos muy sensibles, que funcionan como una alarma antirrobo. Cuando pone la trampa, la puerta está cerrada y las paredes de la vejiga se meten hacia dentro. Cuando la presa toca los pelillos, la puerta se abre y la presa y el agua son succionados hacia el interior de la vejiga y convertidos en papilla. No solo la vejiga flotante se alimenta de ella, sino también comunidades enteras de seres microscópicos que viven en las trampas, como bacterias y hongos.

De lejos, la vejiga
flotante puede parecer
un ranúnculo inofensivo,
pero en realidad es letal.

Zapatero

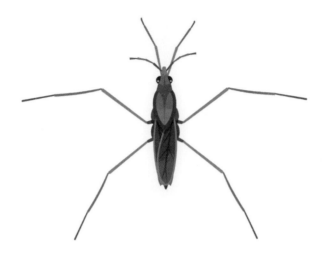

Cuando se deslizan sobre las charcas, hacen que parezca fácil. El secreto está en sus pies peludos. Tienen miles de pelillos con burbujas de aire, que hacen que sus pies se mantengan a flote, como una balsa salvavidas. De hecho, sus pies pueden soportar quince veces su peso corporal sin hundirse, ni siquiera cuando llueve o hace mal tiempo.

Como el resto de los insectos, tienen tres pares de patas. Con las patas delanteras, que son cortas, atrapa presas en la superficie del agua. Con las patas centrales se desplaza y con las traseras timonea. Están diseñadas para la velocidad. Pueden desplazarse por la superficie del agua a cien veces la longitud de su cuerpo por segundo. El equivalente a un ser humano nadando a 650 km/h.

Estos veloces asesinos se abalanzan
sobre los insectos y les clavan su afilado
pico en forma de daga.

Cuando se desplaza sobre
el agua, reparte el peso
entre sus largas patas.

Musgo de turbera

Este musgo es tan tupido que flota en el agua y puede soportar el peso de un alce. Se encuentra en muchos países, sobre todo en el hemisferio norte, y tiene un superpoder. Le gusta tanto el agua que la absorbe como una esponja. Si lo sumerges en un líquido, puede llegar a ser hasta veinticinco veces más pesado. Es tan absorbente que durante la Primera Guerra Mundial se usó para curar heridas. Sus hojas están cubiertas de miles de células vacías que pueden almacenar el agua incluso una vez muerto el musgo. Cuando se deteriora, le crece encima más musgo que forma gruesas capas. Es un hábitat de un enorme valor en el que prospera una gran variedad de vida vegetal.

Noruega

Canadá

Escocia

Si lo miras de cerca, el musgo de turbera parece un bosque diminuto que forma una alfombra de tonos amarillos, rosas, azules, verdes y rojos.

Rusia

Colombia

Rana toro africana

Es una de las ranas más grandes del mundo. Extendido, el macho pueden medir 25 cm. Pesa unos 2 kg, casi como un ladrillo. Viven en la sabana africana y, como el resto de los anfibios, pueden tener problemas si hace demasiado calor y el agua escasea. Pero cuentan con un truco ingenioso: la estivación. Se parece a la hibernación, solo que, en vez de durante el frío invierno, las ranas toro duermen durante la estación seca y calurosa. Se mantienen a salvo bajo el suelo, en un capullo que retiene la humedad. Pueden dormir durante años, hasta que vuelve a llover y salen para reproducirse.

Los machos protegen a sus renacuajos en las charcas y excavan canales hacia otras charcas cuando aquella en la que están empieza a secarse.

Sus fuertes pies traseros están diseñados para excavar.

Tiene una mordida fortísima y un gran apetito. Come insectos, peces, serpientes e incluso pájaros.

Puede vivir bajo tierra sin comida hasta tres años.

El pez pulmonado africano puede alcanzar 1 m de largo.

Pez pulmonado

Hace unos 400 millones de años, algunos peces se arrastraron fuera del agua y se adueñaron de tierra firme. Para sobrevivir, tuvieron que pasar de respirar agua a respirar aire. Con el tiempo, evolucionaron y se transformaron en dinosaurios, anfibios, reptiles y mamíferos. Pero algunos, como los peces pulmonados, apenas cambiaron. Siguen viviendo en el agua, pero tienen que salir a la superficie para respirar con sus dos pulmones.

Muchas especies de peces pulmonados se encuentran en ríos y llanuras aluviales de África. En la estación seca, el agua puede desaparecer, así que han desarrollado una ingeniosa técnica de supervivencia. Hacen un capullo subterráneo con su propio moco, que les mantiene húmedos, y esperan a que vuelva el agua.

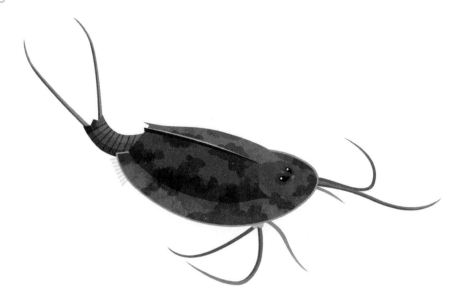

Tortugueta

Este crustáceo con tres ojos existe desde hace unos 220 millones de años, desde que aparecieron los primeros dinosaurios. Así pues, puede decirse que es un auténtico superviviente. Se alimenta de mosquitos jóvenes y otros insectos pequeños mientras se desplaza con sus patas, en las que se encuentran las agallas que usa para respirar.

Prefiere vivir en lugares que otras criaturas acuáticas evitan, como charcas y balsas que se secan por completo en verano. La sequía no le preocupa, sobre todo debido a sus extraordinarios huevos. Si hay sequía, los huevos se ponen en espera. Pueden sobrevivir totalmente secos hasta 27 años, pueden soportar temperaturas cercanas al punto de ebullición e incluso pueden ser ingeridos y expulsados como heces. Cuando vuelve el agua, las crías salen de los huevos como si nada.

La tortugueta tiene un tercer ojo situado entre los otros dos.

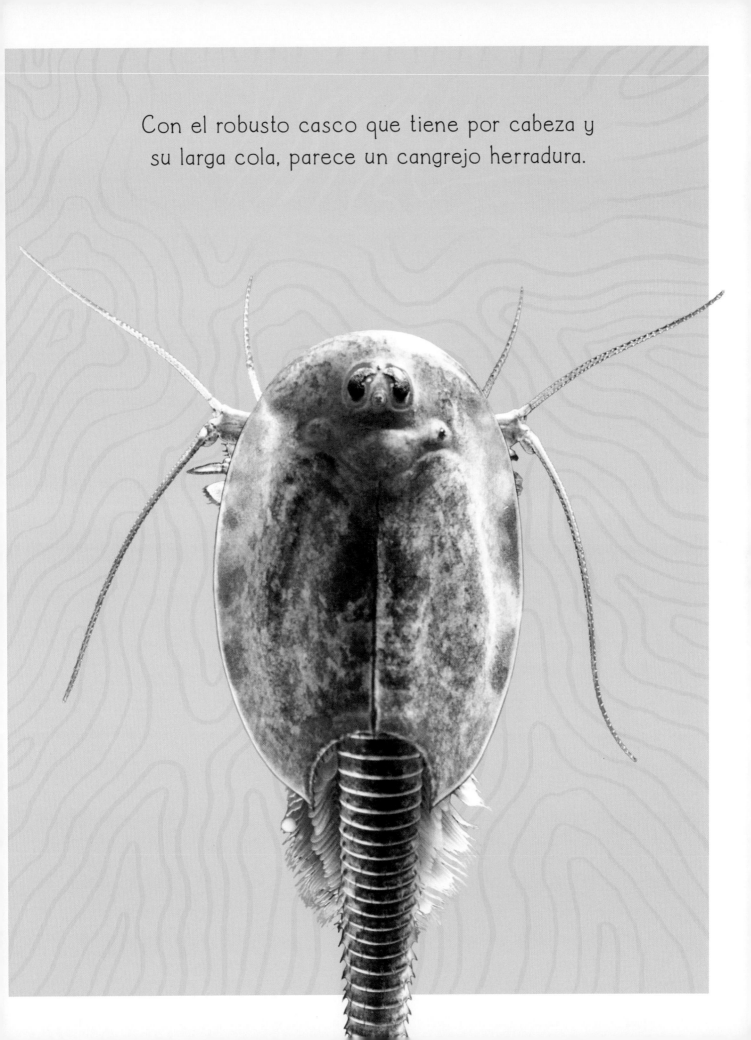

Con el robusto casco que tiene por cabeza y
su larga cola, parece un cangrejo herradura.

Hipopótamo

Anda bajo el agua con sus dedos palmeados, mientras mordisquea los juncos. Excava nuevos canales, ralentizando el flujo de agua.

Papiro

Esta planta puede llegar a medir el doble que un hombre. En la parte superior tiene unas delgadas hojas como plumeros.

Marismas

Libélula rayadora naranja

En cuanto abandonan el agua y les salen alas, pueden volar miles de kilómetros sin parar.

Las marismas son lugares húmedos con plantas herbáceas, que frenan y retienen el agua como esponjas. Algunas se forman cerca de la costa y otras en los márgenes de ríos y lagos. El delta del Okavango, en Botsuana, es un río que desemboca en un desierto, formando una enorme marisma. Aquí ves algunos de los animales y plantas que viven en ella.

Pez tigre goliat

Este pez fluvial de grandes dientes se alimenta de peces bulldog y peces gato.

Rana arborícola gris

Pone los huevos en un nido espumoso sobre el agua. Los renacuajos, cuando eclosionan, caen al agua con un chapoteo.

Pigargo vocinglero

El pigargo vocinglero es un gran depredador. No se alimenta solo de peces. También caza aves, anfibios y reptiles.

Cocodrilo del Nilo

Guarda comida en guaridas secretas, gracias a la que puede sobrevivir más de un año.

Martín pescador malaquita

Se posa en los juncos y observa el agua en busca de peces. Una vez localizados, se zambulle para atraparlos.

Nenúfar azul

Las impresionantes flores azules de este nenúfar huelen muy bien, lo que atrae a los insectos. Sus pétalos suelen usarse para elaborar perfumes.

Tilapia de tres manchas

Le gusta vivir en charcas con hipopótamos. La hembra transporta los huevos y las crías en la boca para protegerlos.

Bagre de cabeza plana

Caza en grupo. Localizan las presas y golpean el agua con la cola para sacarlas de entre los juncos.

119

Anaconda verde

Verla calentándose en la orilla del río Amazonas, en Sudamérica, es todo un espectáculo. Puede alcanzar un tamaño descomunal. Algunas son el triple de largas que un hombre y más gruesas que un poste de telégrafos. Se alimenta de animales grandes, como capibaras, caimanes y tapires. El menú también puede incluir jaguares.

Le encanta cazar en el agua, ya que, sumergidas, pueden disimular su enorme volumen y esperar a que algún animal choque con ella. Con sus colmillos, que no son venenosos, sujeta la presa, mientras se enrolla a su alrededor y la aprieta hasta asfixiarla.

La anaconda puede zamparse a un animal que pese la mitad que ella de una sentada y luego pasarse meses sin comer.

Nerpa

Esta pequeña foca tiene unos pulmones grandes y fuertes. Aguanta la respiración hasta una hora cuando se sumerge en el agua gélida.

Cuesta imaginar a una foca que no viva en el mar, pero la nerpa es una excepción. Vive en agua dulce, en el gigantesco lago Baikal, en Rusia. El lago es tan grande que contiene casi una cuarta parte de toda el agua dulce del planeta. Con sus más de 1,6 km de profundidad, es el lago más profundo de la Tierra. Eso significa que la nerpa dispone de mucho espacio para nadar y de muchos peces que llevarse a la boca.

El lado malo de vivir en un lago con un clima frío es que todos los inviernos se congela, a veces con una capa de hielo de varios metros de grosor, así que las nerpas tienen que hacer agujeros en el hielo por los que salen a respirar. Pero el hielo también tiene sus ventajas, pues gracias a él pueden descansar con sus crías lejos de su principal depredador: el oso pardo.

Una nerpa sale a respirar a través de un orificio del hielo.

Este cazador acuático es más o menos el doble de grande que un gato doméstico y es mucho más feliz en el agua.

Gato pescador

El gato pescador es originario del sur de Asia, donde el largo monzón deja los paisajes anegados de agua. Este experto cazador tiene pegada a la piel una capa de pelo tan espesa que el agua no puede atravesarla, como si fuera una prenda térmica hidrófuga. Sus pies, parcialmente palmeados gracias a la piel entre los dedos, son como remos para deslizarse por el agua. Tiene las garras siempre expuestas, a modo de anzuelos de pesca bajo la superficie del agua.

Suele cazar con las patas delanteras y, una vez que tiene al pez en la superficie, lo engulle, pero también puede meterse en el agua y perseguir a sus presas. Incluso se le ha visto sumergirse y saltar sobre algún pájaro acuático desprevenido desde abajo.

Este gato pescador se ha abalanzado sobre su presa desde la orilla.

Anguila eléctrica

Algunos animales pueden detectar la electricidad, pero solo unos pocos pueden producirla, y ninguno con tanta potencia como la anguila eléctrica. Este asombroso animal puede producir hasta 600 voltios, unas tres veces más que la electricidad de tu casa. Su energía eléctrica funciona de un modo parecido a la de una batería. Y como le ocurre a una batería, si ha realizado demasiadas descargas, se agota y tiene que recargarse.

Cazan en charcas y ríos lodosos de Sudamérica, en los que cuesta ver a las presas. Hay un tipo de anguila a la que le gusta cazar en grupo y aturdir bancos enteros de peces. Con una descarga pueden hacer que la presa se contraiga y revele su escondite, o incluso aturdirla del todo. La anguila eléctrica no tiene depredadores naturales. Es demasiado peligrosa como para que algún animal se acerque a ella con intención de comérsela.

Unos órganos diminutos llamados electrorreceptores le ayudan a detectar presas.

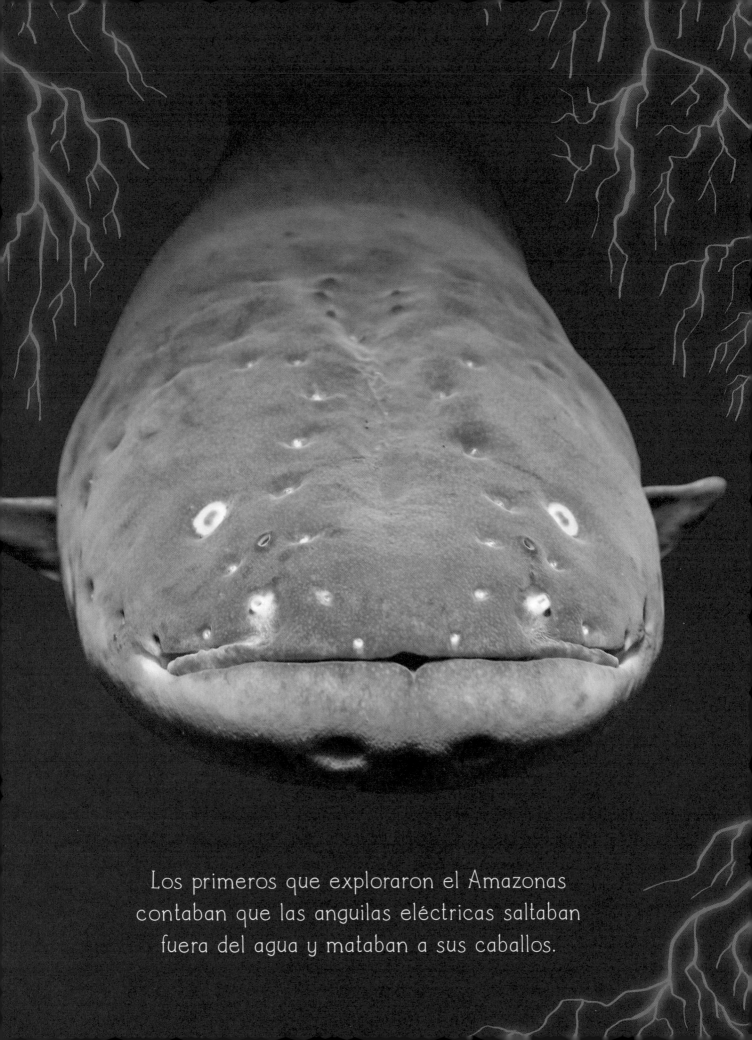

Los primeros que exploraron el Amazonas
contaban que las anguilas eléctricas saltaban
fuera del agua y mataban a sus caballos.

Araña de agua

Se supone que las arañas no viven bajo el agua, pero esta ingeniosa criatura es justo lo que hace. Eso sí, lleva consigo una reserva de aire. Tiene un cuerpo peludo que atrapa burbujas diminutas de aire en las que no entra el agua. Cuando está bajo el agua, parece casi plateada debido a su armazón de burbujas. Pero el aire que contienen estas burbujas no es suficiente.

Así pues, una vez que se sumerge, la araña de agua construye una casa de seda o «campana» que sujeta a las plantas acuáticas, y cuando la tiene construida, la llena de aire con burbujas que poco a poco va bajando desde la superficie. A salvo dentro de su casa-campana, la araña puede perseguir a sus presas acuáticas, tales como las pulgas de agua y las larvas de mosquito, que no están al alcance de las arañas que viven fuera del agua.

Esta araña es la única que vive
permanentemente debajo del agua.

Primer plano de una araña de agua que está bajo el agua con su campana.

La salamandra tigre mide unos 15-20 cm de largo. ¡Como el antebrazo de un niño!

Si están a gusto en el agua, pueden desarrollar unas agallas plumosas y quedarse en ella.

Salamandra tigre

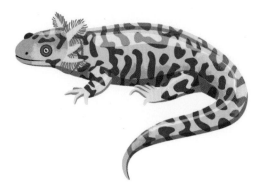

Ocultas bajo el suelo, en Norteamérica, las salamandras tigre esperan que llegue la lluvia. Viendo sus rayas naranjas y negras, es fácil imaginar de donde sale su nombre. Ambos animales tienen también en común su feroz apetito.

La salamandra tigre pasa la mayor parte del año bajo tierra, en una húmeda madriguera que suele cavar ella misma. Cuando por fin llega la lluvia, sale a la superficie por la noche y se da un festín a base de una gran variedad de caracoles, gusanos e insectos. Busca asimismo la charca más cercana para reproducirse. Sus crías son tan buenas cazadoras como sus progenitores, y pueden incluso volverse caníbales y comerse otras crías de salamandra.

Prosperan en las charcas fértiles,
pero también pueden sobrevivir en el Ártico
helado y en los oasis de los desiertos.

Pulga de agua

No es una pulga, sino un crustáceo como el cangrejo o la gamba.
Debe su nombre a que puede brincar por el agua del mismo
modo que una pulga brinca por el aire. Mueve sus brazos plumosos
arriba y abajo para impulsarse hacia arriba y su pesado cuerpo hace
que vuelva hacia abajo.

Es un bocado sabroso para todo tipo de criaturas, desde peces a
mosquitos. Por eso permanece cerca del fondo de charcas y lagos
durante el día, y sale a la superficie solo por la noche para alimentarse
de plancton. Se le da muy bien reproducirse. De hecho, pueden dar
a luz sin aparearse. ¡Y a los cinco días de nacer ya puede tener sus
propias crías!

En esta foto de
microscopio se ve
a una hembra con
sus huevos.

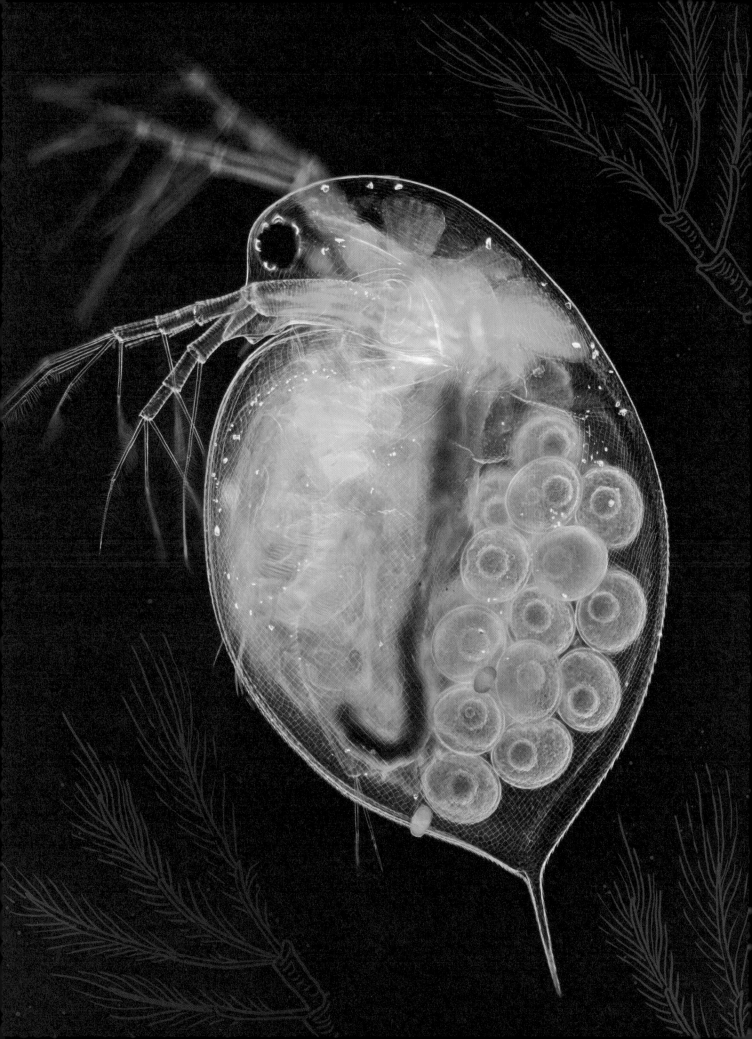

Col de mofeta

Esta curiosa col no es el tipo de alimento que servirías para cenar. Si una hoja o una flor de esta planta se deteriora, desprende un desagradable olor, como las mofetas.

La col de mofeta, que se encuentra en los humedales del este de Norteamérica, huele especialmente mal cuando florece a principios de primavera. Para sobrevivir en la nieve, tiene una buena estrategia. La col es una de las pocas plantas capaces de generar calor, y gracias a ello puede derretir la nieve de alrededor y, también, propagar su mal olor, que se parece al de la carne podrida. El olor atrae a los escarabajos que van en busca de comida y de un lugar caliente y que de paso polinizan la flor.

No crece hacia arriba, sino hacia abajo.

Esta col produce calor:
unos 15-35 °C más
que el aire circundante.

La cabezuela de la planta se transforma en una masa de semillas sedosas.

Espadaña

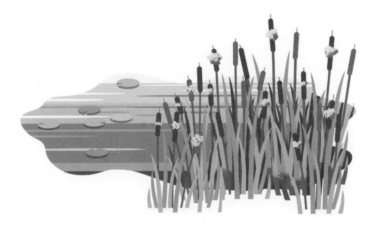

Esta planta tiene muchos usos. Sus distintas partes sirven para producir alimentos, medicinas, materiales de construcción, papel y combustible.

Es una de las plantas acuáticas más prósperas y está por todo el mundo. Cuando hay un trozo de suelo desnudo cerca del agua, suele ser la primera en localizarlo y apropiarse del espacio. El secreto de su éxito está en sus largas protuberancias marrones, que aparecen en la parte superior de los tallos una vez al año. Al tacto parecen de terciopelo y si las miras de cerca verás por qué.

Estas «salchichas» aterciopeladas están repletas de semillas sedosas, unas 200 000, bien juntas, como los pelos apretados. Cuando llega el momento, estallan y la salchicha se transforma en una especie de algodón de azúcar. Es entonces cuando el viento se encarga de diseminar las semillas y arrastrarlas hasta los fértiles humedales.

Tortuga caimán

Imagínate que eres un pez hambriento que nada por los pantanos de Norteamérica. Y de repente ves un pequeño gusano rosa que se retuerce por el agua turbia y decides ir a por él. Sería lo último que verías.

Porque ese gusano en realidad es la lengua de una tortuga caimán. Antes de atacar, la tortuga está completamente inmóvil, esperando el momento oportuno. Puede aguantar la respiración casi una hora, con la boca abierta y la lengua en movimiento. Le basta un solo picotazo para partir el palo de una escoba o cortarte uno de tus dedos. Esta tortuga terrorífica se alimenta básicamente de peces, pero se come todo lo que encuentra, ya sean ardillas, aves, otras tortugas e incluso pequeños caimanes.

Esta criatura de aspecto prehistórico
va tan despacio que a menudo le crecen
algas en la cabeza y el caparazón.
Eso le permite camuflarse aún mejor.

¡Cuidado! ¿Ves la lengua
rosa de la tortuga caimán?

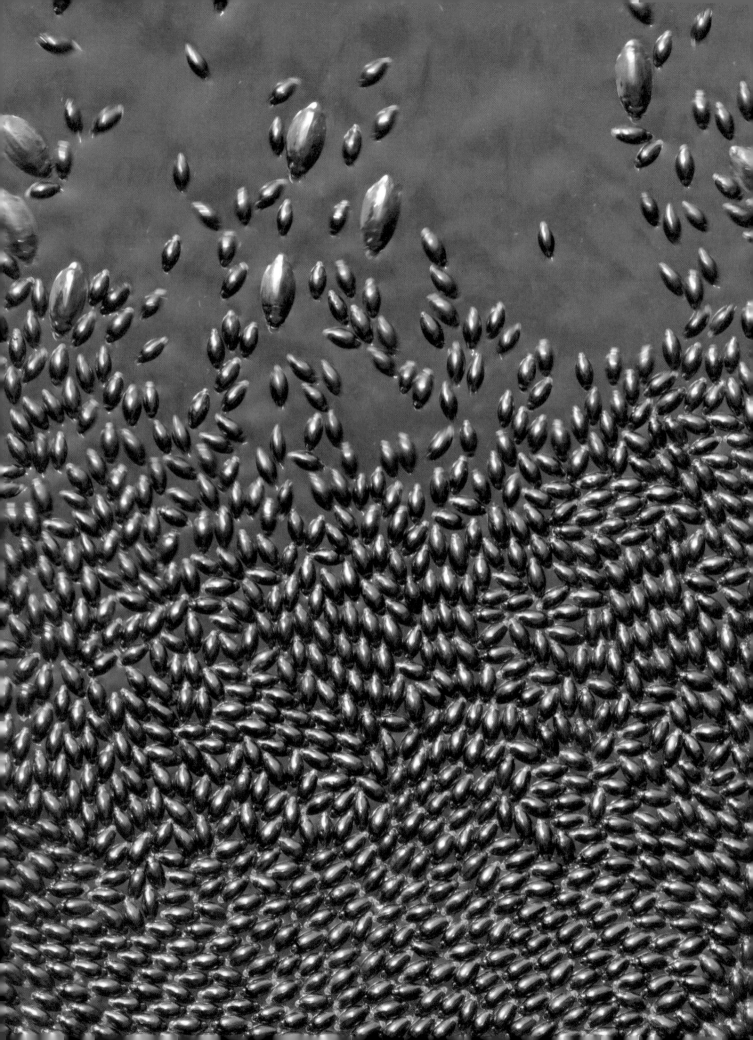

Escarabajo torbellino

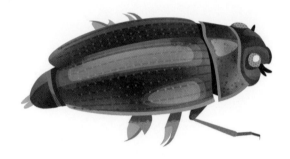

Puede recorrer a nado cuarenta y cuatro veces la longitud de su cuerpo en un segundo.

Se desplazan a gran velocidad por la superficie de charcas y ríos de aguas lentas, como si fueran juguetes de cuerda. Giran en círculo, a menudo en grupos enormes, y a veces chocan unos con otros como si fueran autos de choque.

Parecen torpes, pero son unos depredadores muy eficaces, capaces de volar, nadar y sumergirse para atrapar a sus presas. El secreto de su velocidad está en sus fornidas patas traseras en forma de palas planas, que le permiten coger a los insectos en un santiamén. Disponen asimismo de dos pares de ojos, muy útiles tanto para cazar como para localizar a los depredadores. Un par mira hacia arriba para ver qué hay en la superficie del agua y el otro hacia bajo.

Sundri

Existen distintos tipos
de manglares, pero el
sundri es uno de los más
corrientes y a él debe su
nombre el Sundarbans.

Nutria enana

Es un depredador implacable
de afilados dientes que
come cangrejos, peces
y moluscos.

Alción rojizo

Este experto buceador es
morado y rosáceo. Se lanza
al agua desde el lugar donde
espera para atrapar peces.

Cocodrilo de agua salada

Es el principal depredador del manglar
y el cocodrilo más grande del mundo.

Pato aguja orienta

Tras sumergirse en el agua, se
posa con las alas extendidas
para secarse al sol.

Pez aguja

Es plateado, largo y delgado,
y caza escarabajos y gambas.

Manglares

Los manglares, con sus enmarañadas raíces aéreas, se elevan sobre el agua como si llevaran zancos. Los bosques de manglares protegen la costa de las olas del mar y proporcionan refugio a todo tipo de criaturas. Crecen en las costas tropicales de todo el mundo. El bosque de manglares más grande es el Sundarbans, en la bahía de Bengala, en Asia meridional. Aquí tienes algunas de las plantas y animales que viven en él.

Marabú argala
Esta ave, llamada también gran ayudante, es casi tan alta como un ser humano. Engulle casi de todo: peces, cangrejos e incluso otras aves.

Macaco Rhesus
Estos ingeniosos monos del Sundarbans han aprendido a nadar para atrapar cangrejos y peces.

Palma de manglar
La mayor parte de su tronco se encuentra sepultado bajo el barro y el agua, así que solo se ven sus magníficas hojas.

Tigre de Bengala
Los tigres del Sundarbans son buenos nadadores, cazan peces e incluso beben agua salada.

Perca trepadora
Cuando el nivel del agua baja, se arrastra por tierra firme hasta encontrar otra masa de agua.

Culebra de liga acuática

Se desplaza por la superficie o por debajo del agua con la mandíbula bien abierta en busca de su siguiente bocado. Suele vivir cerca de charcas y arroyos, donde caza una variedad de presas, entre ellas salamandras, ranas y peces.

A veces se queda al borde del agua y mueve la lengua por la superficie, produciendo ondas y salpicaduras que imitan los insectos tratando de escapar del agua. Así hace que los renacuajos y los pececillos se acerquen. Luego, en un abrir y cerrar de ojos, los ataca y se los zampa. Pero también tiene que estar atenta para no ser cazada por algún depredador, como garzas, mapaches, nutrias y serpientes más grandes.

Esta serpiente vive solo en el noroeste de Estados Unidos.

Suele tener una raya
amarilla que le recorre
la espalda.

Caracol manzana

Es muy grande para ser un caracol: como una manzana, suele ser marrón dorado y a primera vista no tiene nada de especial. Pero bajo su caparazón esconde un tubo de buceo natural. Todos los años, en la estación lluviosa, El Pantanal, un humedal de Sudamérica, se inunda, ahogando plantas herbáceas y de otro tipo. Cuando las plantas mueren y se descomponen, el agua es una ciénaga turbia en la que a los animales les cuesta respirar, lo que no le ocurre al caracol manzana, que saca su tubo de buceo, llena los pulmones de aire y mordisquea las plantas en descomposición.

Usa su tubo de buceo para respirar bajo el agua.

¡Son vitales para la vida de los humedales, pero eso no impide que el resto de las criaturas intenten comérselos!

Sus dos largos tentáculos le ayudan a orientarse.

Al parpadear, los ojos
se sumergen en unos
receptáculos con agua,
y así no se le secan.

Pez del fango

Tiene un aspecto curioso, con su boca enorme, sus ojos saltones y sus pequeñas aletas pectorales, más parecidas a brazos que a aletas. Son anfibios, lo que significa que viven tanto en tierra firme como en el agua. De hecho, los hay que pasan el 90 por ciento de su vida fuera del agua, en barrizales y playas de arena de África, Asia y Australia.

Podría decirse que son lo opuesto a un buzo. En lugar de llevar una bombona de aire, poseen unas grandes cámaras branquiales en las que almacenan el agua para poder respirar en tierra firme. Así disponen de mucho tiempo para cazar insectos, cangrejos e incluso otros peces. Los machos pueden ser increíblemente duros y combativos cuando se trata de encontrar pareja. Se golpean y se muerden para conseguir más territorio.

Su vista es mejor fuera del agua. Puede ver en casi todas direcciones, algo muy útil para localizar depredadores y rivales.

Ríos, lagos y charcas

De entre todos los hábitats acuáticos, los ríos, los lagos y las charcas son algunos de los más variados, cambiantes y duros para vivir. Se forman en cualquier parte de la Tierra en la que pueda llover, en la que la nieve pueda derretirse o por donde pueda fluir el agua, lo que significa que cada uno presenta sus propios desafíos de acuerdo con el mundo que lo rodea.

La vida acuática ha encontrado el modo de sobrevivir en cualquier sitio, desde los lagos glaciares del Himalaya en Asia hasta las charcas temporales del desierto de Kalahari en África. Las formas de vida de los ríos tienen que luchar constantemente para no ser arrastradas hasta el mar, mientras que en los lagos y las charcas tienen que enfrentarse con hábitats que pueden calentarse muy rápidamente, congelarse o incluso secarse por completo. Los seres que habitan en ellos se encuentran entre los mayores expertos en supervivencia del planeta.

En los ríos, lagos y charcas hay menos del 1 por ciento del agua de la Tierra.

Arriba: río Yangtsé, China; centro (desde la izquierda): charca con nenúfares gigantes, Japón; lago en el Himalaya, Asia; marsopas del Yangtsé; abajo: cataratas Victoria, África.

Frigánea

Sus larvas usan arena,
piedras, caparazones de caracol
e incluso residuos de plástico
para construir su casa.

Esta larva construye
una funda protectora
con caparazones.

De adultas, las frigáneas son unos insectos bastante corrientes, parecidos a una polilla peluda. Pero las larvas, sin embargo, se pasan el tiempo mordisqueando algas en el fondo de charcas, ríos y lagos. Se parecen un poco a las orugas, con el cuerpo blando y flexible, lo que no es nada aconsejable cuando hay cerca peces hambrientos y fuertes corrientes que las acribillan con arena.

Así que estas ingeniosas criaturas se construyen lo que es tanto una fortaleza como un refugio con seda pegajosa y cualquier cosa que encuentren por ahí. Acaba deambulando con un traje de armadura que, además, es el disfraz perfecto. Es una estrategia tan buena de supervivencia que las frigáneas son uno de los insectos acuáticos más corrientes del mundo.

Castor europeo

Derribando árboles y construyendo
presas, los castores ralentizan los ríos
y ayudan a que la vida prospere.

En tierra firme, los castores parecen lentos y torpes. Pero en el agua se transforman en asombrosas criaturas acuáticas. Sus fosas nasales y sus orejas se cierran cuando se sumergen, y sobre sus ojos se deslizan unos párpados transparentes, a modo de gafas de bucear. Tienen dedos palmeados y una cola plana en forma de remo que los ayudan a propulsarse por el agua. Sus labios peludos se juntan detrás de sus grandes dientes delanteros, así que pueden transportar palos en la boca sin que les entre agua.

Son expertos talladores de madera. No solo comen madera, sino que también la usan para construir presas y refugios. Las presas hacen que el nivel del agua suba alrededor de sus casas, lo que mantiene alejados a los depredadores, como osos y lobos.

Este castor está junto a la presa que ha construido.

Rana dorada de Panamá

Vive en los bosques
tropicales de Panamá,
en Centroamérica.

Cuando eres pequeño como una pelota de golf, es difícil lograr que se fijen en ti, aunque tu piel sea negra y dorada. Los machos tratan de hallar un lugar perfecto junto al río, donde las hembras puedan verlos, pero muchas veces ellas no oyen sus reclamos porque el mundo de los ríos y las cascadas es muy ruidoso y su croar pasa inadvertido.

Así que estas ranas de vistosos colores han encontrado otra forma de comunicarse. Mueven los brazos lentamente para ahuyentar a los enemigos y pedir a las hembras que se acerquen. Una vez que encuentra a su hembra, el macho se sube a su espalda y puede quedarse ahí hasta dos meses.

Su brillante piel es bonita, pero letal. Avisa que es venenosa.

Proteo

A principio del siglo XVII, cuando intensas lluvias sacaron a los proteos de sus cuevas, algunos pensaron que eran crías de dragón.

Vive en las cuevas de Europa central y sudoriental.

El proteo vive en cuevas oscuras, tiene un cuerpo alargado, unos brazos cortos, un cuello con florituras y puede vivir más de 70 años. No es un dragón, sino una salamandra. Mide solo unos 30 cm de largo y está completamente ciega. Dispone de una nariz que funciona como un sensor de aparcamiento, gracias a la cual no se tropieza con las cosas y puede localizar a sus presas.

Vivir en una cueva es duro. No llega la luz del sol y no hay ni plantas ni insectos herbívoros. Así pues, depende básicamente del camarón de cueva y de la comida que cae desde arriba. Se mueve y crece despacio para consumir el mínimo de energía. Puede sobrevivir hasta 10 años sin comer.

Rana dardo venenosa

La mayoría de las ranas, con sus ojos saltones y su piel suave, son bastante inofensivas, pero no así las ranas dardo venenosas. Estos hermosos anfibios de Centroamérica y Sudamérica caben en la palma de tu mano, pero no es aconsejable cogerlas. Sus vivos colores son una señal de advertencia para que los depredadores se mantengan alejados. Están cubiertas de veneno mortal.

La rana dardo venenosa dorada cuenta con suficiente veneno asesino como para matar a 10 personas. Sin embargo, son excelentes padres. Algunas especies transportan a sus renacuajos en la espalda hasta los charcos que se forman en unas plantas llamadas bromelias, donde están a salvo hasta que se convierten en ranitas.

Rana dardo venenosa de tres rayas llevando a sus renacuajos.

Rana dardo
venenosa azul y
negra llevando
a su cría.

Obtienen el veneno
comiendo hormigas, ácaros
y otros insectos.

Llevan a sus
renacuajos hasta
pequeños charcos
de agua.

Rana dardo
venenosa roja,
Perú.

Basilisco verde

El macho tiene dos grandes crestas en la cabeza y una vela en la espalda para impresionar a las hembras.

Este veloz lagarto se alimenta de insectos y bayas que encuentra en las orillas de las charcas, los arroyos y los ríos que atraviesan densos bosques. Estar al aire libre y rodeado de selva es bastante peligroso. Siempre existe la posibilidad de que de repente aparezca algún depredador, así que el basilisco verde tiene que estar preparado para salir corriendo.

Por suerte, puede trepar a los árboles o deslizarse bajo los matorrales rápidamente. Y si no tiene dónde meterse, esconde otro as en la manga: puede correr por la superficie del agua sin hundirse gracias a sus enormes pies.

Basilisco verde corriendo por la superficie del agua en Costa Rica, Centroamérica.

Marimo

Son unas algas tan bonitas y esponjosas
que a menudo se utilizan para decorar.

No es habitual ver un paisaje de miles de bolas de musgo, algunas del tamaño de un balón de fútbol. El marimo, o bola de musgo, es un tipo de alga. El raro espectáculo que ofrecen todas esas bolas apiladas unas encima de otras solo puede verse en algunos lagos del mundo.

Estas bolas las forman las olas suaves en el fondo del lago, pero solo cuando las condiciones son perfectas. Algunas se quedan ancladas en el lecho y crecen unas junto a otras. Cuando forman montones de bolas que no están sujetas al lecho, parece que disponen de más espacio para crecer. Debido a la actividad humana, el marimo ha desaparecido de muchos lagos, aunque sigue existiendo en Islandia y Japón, donde es considerado un tesoro nacional.

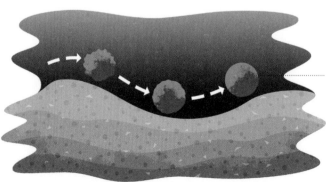

Las olas suaves hacen rodar el marimo una y otra vez por el lecho formando las bolas.

Suele encontrarse en el fondo de los lagos, aunque también han aparecido en playas.

Muchas veces tiene que superar
flujos de lava y desprendimientos que
le bloquean el camino aguas arriba.

Gobio escalador

Su nombre completo es gobio escalador de Hawái, de donde es endémico. Crece en el agua salada, pero debe desplazarse a tierra firme para alimentarse y aparearse. En cuanto llega al agua dulce, ocurren cosas extrañas. En solo dos días se transforma por completo: su cabeza se vuelve más ancha, sus labios más gruesos y su boca se desplaza de la cara a la parte inferior de su cuerpo.

Muchos gobios tienen una pequeña ventosa en el vientre para sujetarse a las rocas y que no los arrastre la corriente. Pero, gracias a la nueva posición de su boca, el gobio escalador de Hawái cuenta con dos ventosas. Avanzando poco a poco con la ayuda de las ventosas, puede escalar por cascadas verticales.

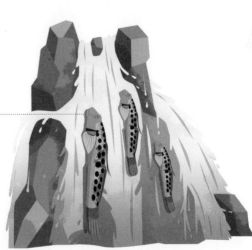

El gobio puede escalar cascadas de hasta 100 m de altura.

Este gobio mide unos 18 cm de largo.

Caimán del Misisipi

Esta feroz criatura tiene una potente mordida.
Intentar abrir sus enormes mandíbulas sería como
tratar de levantar una camioneta.

Los caimanes son parientes de los cocodrilos. Este caimán es el cocodrilo más grande de América. Pero al nacer, sus crías miden solo 15 cm de largo, así que son una presa fácil para una gran variedad de animales, desde los mapaches a distintos pájaros. Si llegan a la edad adulta, sin embargo, no tienen de qué preocuparse. Los machos pueden medir más del doble que una persona y pesar el triple. Comen de todo, desde peces y tortugas hasta animales domésticos e incluso personas. En el cortejo son increíblemente románticos. Los machos rugen en aguas poco profundas, lo que hace vibrar las gotas de agua de su espalda. Se conoce como la danza del agua.

El caimán del Misisipi vive en ríos lentos y pantanos, donde se oculta bajo la maleza.

Plancton
de charca

Cria de pulga de
agua, un diminuto
copépodo con un
solo ojo.

Una charca contiene millones
de seres microscópicos.

Esta alga verde, un
Pediastrum, puede
producir copias de
sí misma.

En esta pulga de
agua puede verse
su intestino verde.

Esta pulga de agua
lleva consigo montones
de huevos.

Pulga de agua

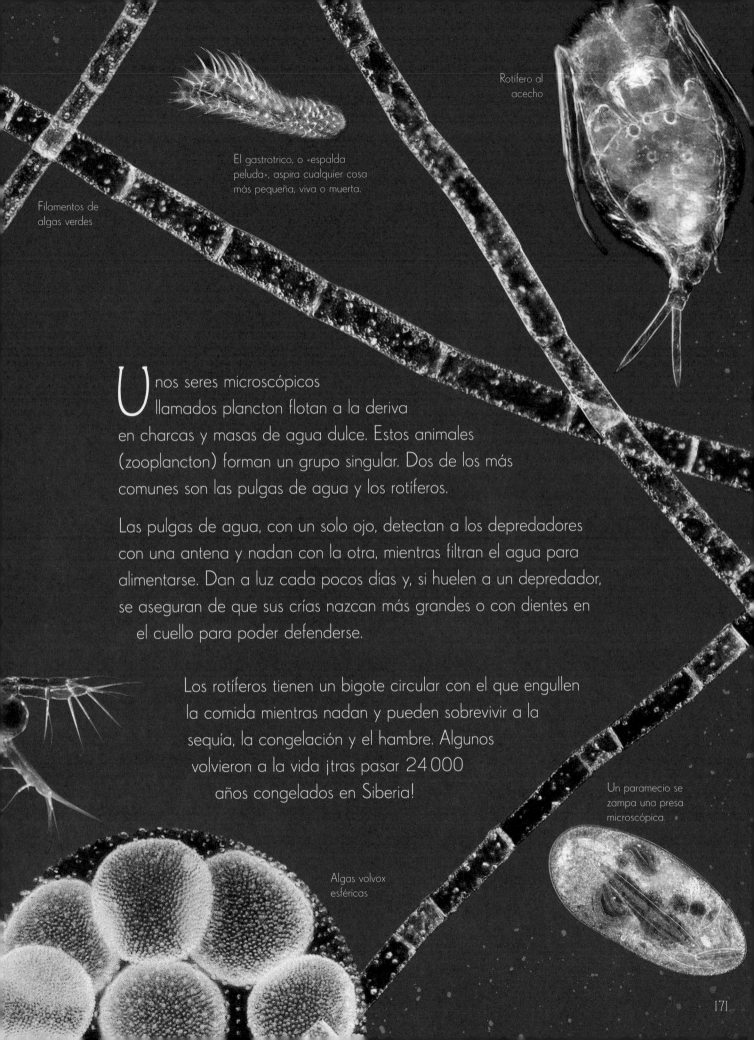

Rotífero al
acecho

El gastrotrico, o «espalda
peluda», aspira cualquier cosa
más pequeña, viva o muerta.

Filamentos de
algas verdes

Unos seres microscópicos
llamados plancton flotan a la deriva
en charcas y masas de agua dulce. Estos animales
(zooplancton) forman un grupo singular. Dos de los más
comunes son las pulgas de agua y los rotíferos.

Las pulgas de agua, con un solo ojo, detectan a los depredadores
con una antena y nadan con la otra, mientras filtran el agua para
alimentarse. Dan a luz cada pocos días y, si huelen a un depredador,
se aseguran de que sus crías nazcan más grandes o con dientes en
el cuello para poder defenderse.

Los rotíferos tienen un bigote circular con el que engullen
la comida mientras nadan y pueden sobrevivir a la
sequía, la congelación y el hambre. Algunos
volvieron a la vida ¡tras pasar 24 000
años congelados en Siberia!

Un paramecio se
zampa una presa
microscópica.

Algas volvox
esféricas

171

Hoacin

También se conoce como pava hedionda, porque huele a excremento de vaca. Los polluelos tienen garras en las alas, para poder trepar.

Ceibo

Este árbol gigante suele crecer junto a los ríos de las zonas tropicales. Tiene unas enormes raíces llamadas raíces tablares.

Jabirú

Es el ave voladora más alta de Sudamérica y come prácticamente de todo, vivo o muerto.

Lechuga de agua

La lechuga de agua, que forma grandes balsas flotantes, es muy común en el río Amazonas y sus afluentes, y sirve de alimento a las tortugas de agua dulce.

Arapaima

Es uno de los peces de agua dulce más grandes. Su lengua y su paladar están recubiertos de dientes óseos para triturar a sus presas, pirañas incluidas.

Candiro azul

Es un pequeño y delgado pez vampiro. Se mete en las agallas de otros peces, las corta y se bebe su sangre.

Ríos

Puede que no lo parezcan, pero los ríos y los arroyos son lugares muy duros para vivir. Muchos tipos de animales y plantas tienen que luchar constantemente contra la corriente, para que no los arrastre. Por ejemplo, el río Amazonas, en Sudamérica, que alberga más de 3000 especies de peces y contiene más agua que los otros siete ríos más grandes juntos.

Capibara
Son los roedores más grandes del mundo y pueden aguantar la respiración bajo el agua hasta cinco minutos.

Hormiga de fuego
Estas hormigas son tan pequeñas que flotan. Cuando tienen que cruzar una masa de agua, forman una balsa entre todas con su propio cuerpo.

Araña de agua
Esta increíble orquídea huele a vainilla, para atraer a polinizadores como las polillas. Sus flores parecen pequeñas arañas colgantes.

Piraña de vientre rojo
Contrariamente a lo que suele creerse, las pirañas no suelen atacar a presas grandes. Comen básicamente peces e insectos, pero también plantas y frutos.

Charapa arrau
Son las tortugas de agua dulce más grandes de Sudamérica. Pueden llegar a pesar como un hombre.

Lamprea

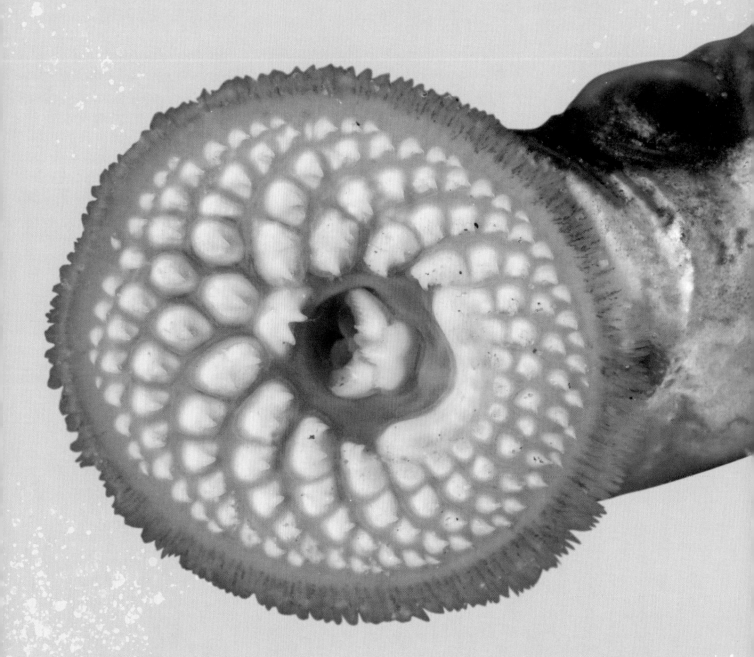

Apenas han evolucionado desde
que aparecieron hace unos
360 millones de años.

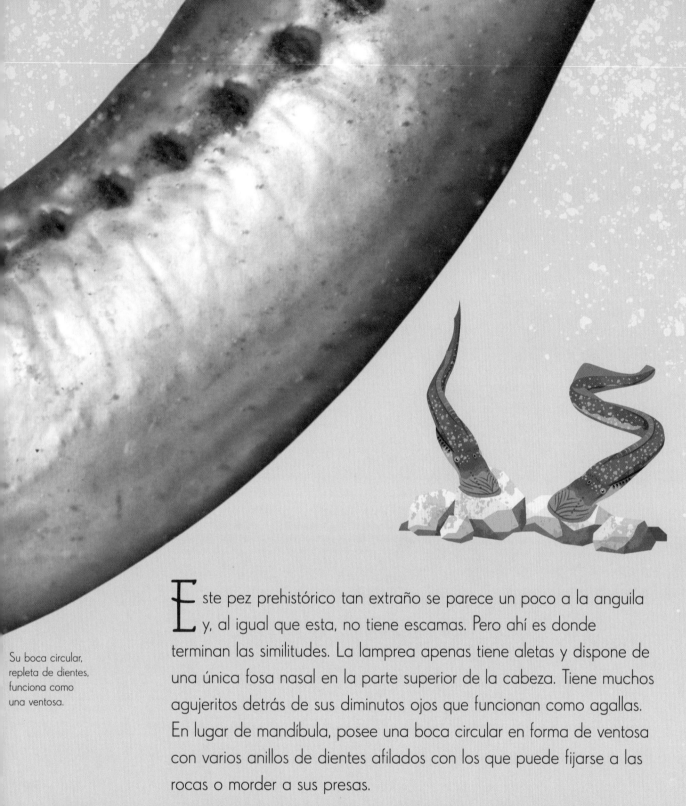

Su boca circular, repleta de dientes, funciona como una ventosa.

Este pez prehistórico tan extraño se parece un poco a la anguila y, al igual que esta, no tiene escamas. Pero ahí es donde terminan las similitudes. La lamprea apenas tiene aletas y dispone de una única fosa nasal en la parte superior de la cabeza. Tiene muchos agujeritos detrás de sus diminutos ojos que funcionan como agallas. En lugar de mandíbula, posee una boca circular en forma de ventosa con varios anillos de dientes afilados con los que puede fijarse a las rocas o morder a sus presas.

Las lampreas adultas se alimentan en el mar durante cuatro años. Luego remontan arroyos y ríos para reproducirse. Se fijan a las rocas con la boca para ahorrar energía, algo especialmente útil cuando remontan el río contra la corriente. Una vez que han puesto los huevos, ambos progenitores mueren.

Náyade perlífera

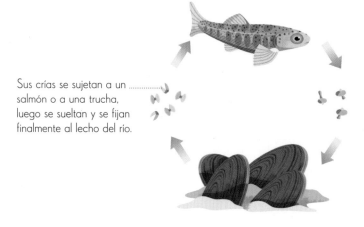

Sus crías se sujetan a un salmón o a una trucha, luego se sueltan y se fijan finalmente al lecho del río.

Las perlas suelen encontrarse en las ostras. Pero existe un tipo concreto de mejillón que también produce perlas, la náyade perlífera. Solo se encuentra en agua dulce, en ríos y arroyos rápidos.

Su supervivencia depende de la suerte. Los recién nacidos parecen panecillos de hamburguesa que se desplazan por el agua confiando en chocar con algún pez, especialmente salmones o truchas. Si no encuentran un pez apropiado en los primeros seis días, los arrastra la corriente y mueren. Si lo encuentran, se sujetan a sus agallas y se quedan ahí durante ocho o nueve meses, convirtiéndose en pequeños parásitos. Cuando se sueltan, deben caer en un buen sitio. Si es demasiado fangoso o profundo, o si la corriente es demasiado rápida o demasiado lenta, mueren. Los que tienen la suerte de encontrar el lugar perfecto en el lecho del río, sin embargo, pueden llegar a vivir más de 100 años.

La náyade perlífera produce perlas de primera calidad.

Producen millones
de crías cada año,
pero solo 1 de cada
10 000 sobrevive.

Aldrovanda vesiculosa

A simple vista no parece una de las plantas más rápidas del mundo acuático, y se aprovecha de ello. Esta planta de aspecto delicado cuenta con un largo tallo central del que salen numerosas ramas. Cada rama tiene una «trampa» en el extremo, preparada para atrapar a sus presas.

Así es como funciona la trampa. Dispone de dos lóbulos curvados con dientes microscópicos y pelos sensibles al tacto. Cuando una presa toca los pelos, la trampa se acciona y los dos lados se cierran de golpe. La planta puede atrapar cualquier cosa, desde animales microscópicos como rotíferos y pulgas de agua, hasta renacuajos e incluso pececillos. Una vez capturada, el agua de la trampa es sustituida por jugos gástricos, y la presa poco a poco es licuada y absorbida.

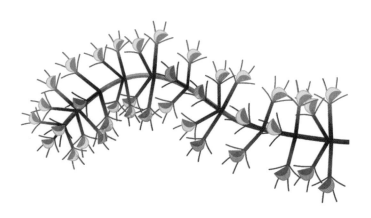

Las trampas se cierran quince veces más rápido que un parpadeo.

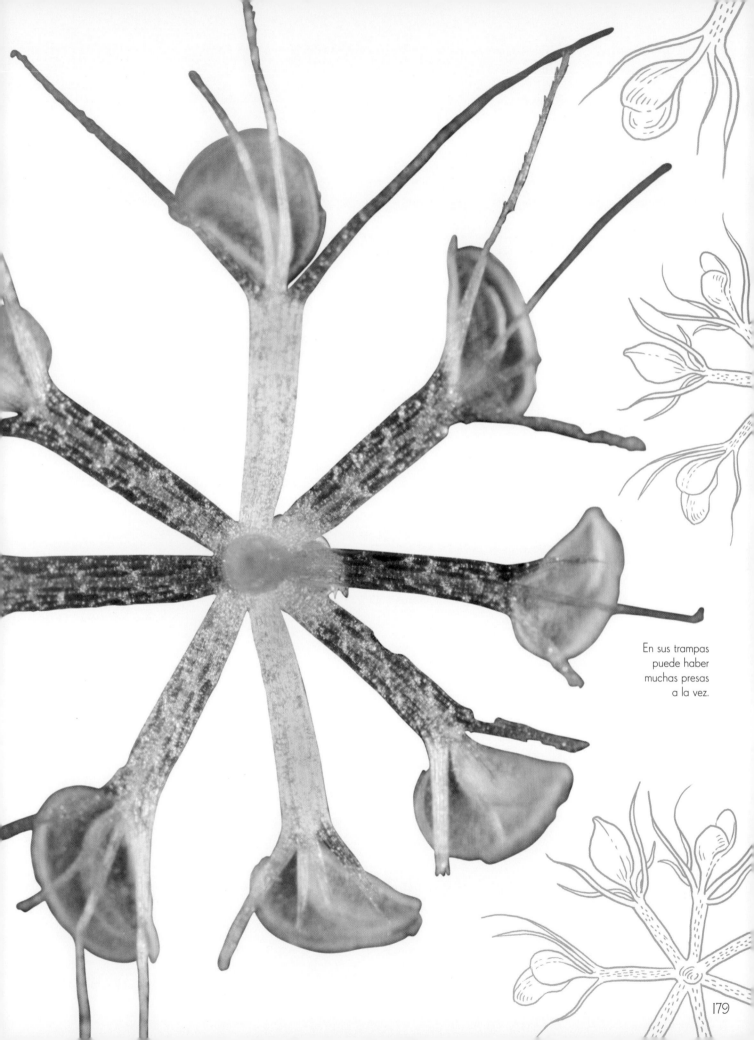

En sus trampas
puede haber
muchas presas
a la vez.

179

Este ejemplar nada por el río Negro, un afluente del Amazonas, en Sudamérica.

Delfín rosado

Los machos a veces recogen plantas y trozos de madera, y luego golpean el agua con ellos para impresionar a las hembras.

Este delfín, conocido también como boto, cuando nace es gris. Se cree que su color rosado se debe a los rasguños y cicatrices que se hace con el lecho del río y con posibles obstáculos. Los machos suelen ser más rosas porque se pelean más y, por tanto, se hacen más heridas.

La columna vertebral del delfín rosado es más flexible que la de los delfines oceánicos. Además, puede inclinar la cabeza en ángulo recto, lo que le ayuda a girar y cambiar de dirección en el río Amazonas y sus afluentes, donde viven muchos de ellos. Gracias a sus dientes posteriores planos, para triturar, y sus dientes delanteros puntiagudos, para atrapar y sujetar a las presas, come una mayor variedad de alimentos que cualquier otro delfín. Se alimenta básicamente de peces, entre ellos pirañas, e incluso se zampa tortugas y cangrejos.

El dorso de su hoja es de color morado intenso.

Sus semillas suelen usarse como alimento y en medicinas.

Sus hojas pueden medir más de 1 m de ancho.

Nenúfar espinoso

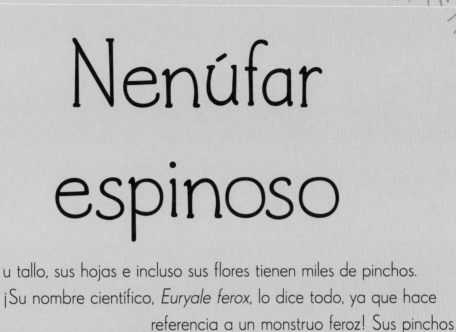

Su tallo, sus hojas e incluso sus flores tienen miles de pinchos. ¡Su nombre científico, *Euryale ferox*, lo dice todo, ya que hace referencia a un monstruo feroz! Sus pinchos son una gran arma defensiva e impiden que los peces y otros animales las mordisqueen.

Su tallo crece por el agua desde el lecho del río y en cuanto llega a la superficie despliega una hoja gigante, que por la parte de abajo es de color morado intenso. Dispone de gruesas ramas que atrapan las burbujas de aire, lo que le permite flotar en la superficie. La hoja puede llegar a ser más ancha que una cama individual. Tener una hoja tan grande le resulta muy útil, ya que no deja que pase la luz del sol y ello impide que otras plantas crezcan a su alrededor.

Charcas

Es posible que las charcas no te parezcan un hábitat acuático muy duro. Pero, en muchos sentidos, es uno de los lugares más peligrosos y complicados para vivir. Pueden secarse por completo en verano o congelarse en invierno. En ellas muchos animales viven intensamente y mueren jóvenes.

Rana bermeja

Las charcas son vitales para las ranas. En primavera están repletas de huevos y renacuajos. En invierno, las ranas adultas hibernan en su lecho.

Cisne mudo

Los cisnes usan su largo cuello para coger hierbajos e insectos en el fondo de lagos y charcas.

Tritón crestado gigante

Estos increíbles anfibios parecen dinosaurios en miniatura. Solo visitan las charcas para reproducirse. El resto del tiempo lo pasan cazando en tierra firme.

Nomeolvides de agua

Las hermosas flores azules de esta planta atraen a las abejas. En ella se resguardan los renacuajos. Los tritones ponen sus huevos en sus hojas.

Garza real

Es la principal depredadora de la charca. Puede quedarse completamente inmóvil esperando a que un pez o una rana pase cerca y cuando lo hace se abalanza sobre ellos. Para volar, bate lentamente las alas,

Libélula emperador

Son cazadoras aéreas. Atrapan a sus presas, como mariposas y damiselas, en el aire. Y se las comen mientras vuelan.

Mosca semáforo

Tiene las puntas de las alas blancas. Las usan para comunicarse entre ellas.

Musgaño patiblanco

Puede parecer inofensivo, pero tiene una mordedura venenosa, algo poco común entre los mamíferos. De un solo mordisco puede tumbar a ranas, peces y caracoles.

Culebra de collar

Puede nadar y las charcas son uno de sus terrenos de caza preferidos.

Sanguijuela medicinal

Se bebe la sangre de ranas, anfibios y mamíferos. Tiene tres mandíbulas y un centenar de dientes.

Cuando bucea, atrapa
una fina capa de aire
debajo de sus alas
para no ahogarse.

El escarabajo buceador es grande,
al menos para ser un escarabajo.
Mide alrededor de 30 mm de largo.

Escarabajo buceador

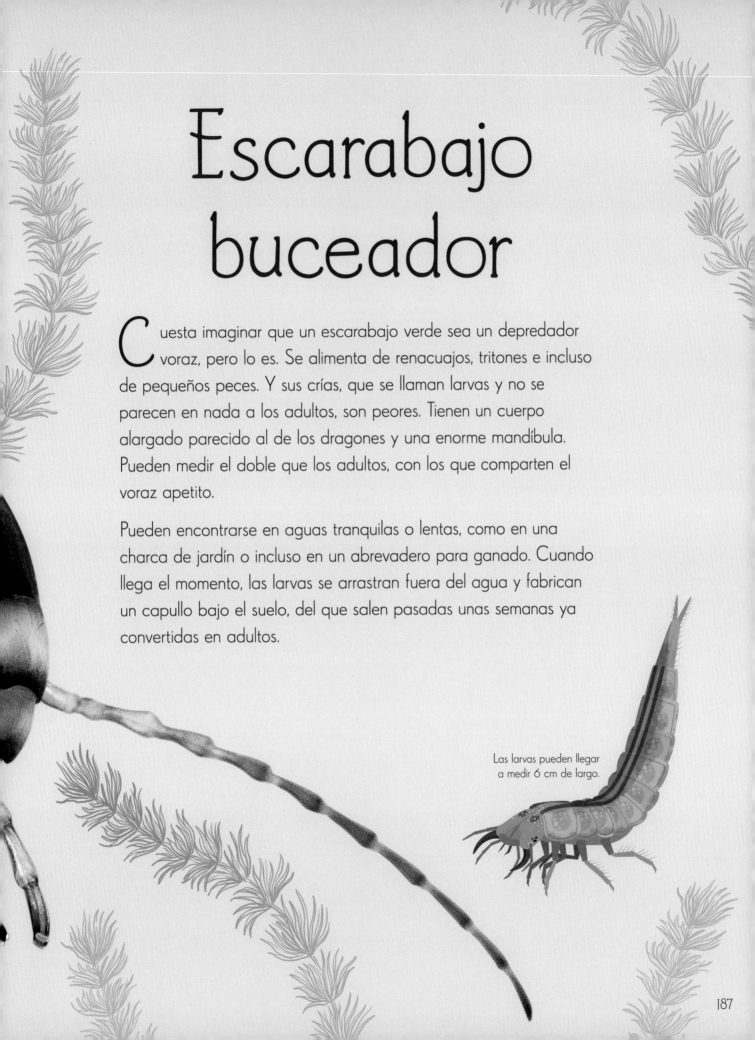

Cuesta imaginar que un escarabajo verde sea un depredador voraz, pero lo es. Se alimenta de renacuajos, tritones e incluso de pequeños peces. Y sus crías, que se llaman larvas y no se parecen en nada a los adultos, son peores. Tienen un cuerpo alargado parecido al de los dragones y una enorme mandíbula. Pueden medir el doble que los adultos, con los que comparten el voraz apetito.

Pueden encontrarse en aguas tranquilas o lentas, como en una charca de jardín o incluso en un abrevadero para ganado. Cuando llega el momento, las larvas se arrastran fuera del agua y fabrican un capullo bajo el suelo, del que salen pasadas unas semanas ya convertidas en adultos.

Las larvas pueden llegar a medir 6 cm de largo.

Nutria gigante

Es la nutria más grande del mundo. Llega a medir hasta 1,8 m de largo, así que es tan alta como algunas personas.

En las aguas de Sudamérica, algunas nutrias son muy grandes, tanto que pueden comerse peces gato e incluso caimanes. Viven en grupos familiares formados por un padre y una madre que se emparejan de por vida y varias tandas de hijos. Su guarida incluye sitios para dormir y zonas de aseo separadas. Las crías necesitan la leche de su madre y la protección de la familia hasta que cumplen los cuatro meses, pero a los diez meses ya son adultas.

Suelen cazar en grupo, acorralando a los peces en la orilla. Están muy preparadas para vivir en el agua. Su pelaje es prácticamente impermeable, así que su piel se mantiene caliente y seca, y tienen unos grandes pies palmeados y una potente cola para propulsarse por el agua. Puede incluso cerrar las fosas nasales para que no le entre el agua mientras bucea.

Nutria gigante descansando en el humedal del Pantanal, en Brasil.

Medusa dorada

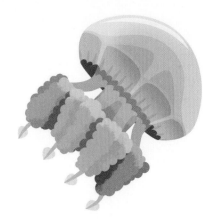

Los aguijones de estas medusas son
tan pequeños e inofensivos que podemos
nadar entre ellas sin correr peligro.

Según parece, hace muchos años algunas medusas de alta mar
quedaron varadas en un lago de agua salada en Palau, en el
Pacífico occidental, donde había poca comida para ellas. Para
sobrevivir, tuvieron que alimentarse de unas algas diminutas llamadas
zooxantelas que viven en el interior de su cuerpo y obtienen la energía
del sol. Como ya no tenían que cazar, sus largos tentáculos urticantes
se encogieron. Y como tampoco había depredadores cerca, como
peces y tortugas, cada vez eran más.

Actualmente, millones de medusas doradas viven en el que se conoce
como lago de las Medusas. Para absorber el máximo de luz solar, se
desplazan por el lago a diario siguiendo la trayectoria del sol.

Sube a la superficie
todos los días para
recibir la luz del sol.

Pez sierra común

Mide casi cuatro veces más
que un hombre adulto.

Está en peligro crítico de extinción.
Puede pesar como un caballo y
medir unos 6 m de largo.

Parece un tiburón monstruoso tratando
de comerse una motosierra, pero en realidad es
una raya, un pariente cercano del tiburón. De su alargada nariz
plana sobresalen afilados dientes. Puede matar a su presa con un
rápido corte de lado a lado. Caza peces y crustáceos en lechos
marinos arenosos o lodosos, pero también ataca bancos de peces.

Las crías, al nacer, miden como el brazo de un niño, pero el parto no
resulta demasiado doloroso para la madre, porque tienen los dientes
recubiertos de una especie de gelatina durante la primera semana
de vida. Por desgracia, todas las especies de pez sierra están en
peligro de extinción. Muchos quedan atrapados en las redes y
algunas personas coleccionan sus narices como trofeos.

Cisne mudo

La hembra cuida de sus polluelos varios meses. A veces los lleva en la espalda.

Estos dos cisnes mudos se cortejan acercando sus cabezas e imitándose.

Los cisnes, con su esbelto cuello, son una de las aves más hermosas y elegantes, así que no es de extrañar que hayan cautivado nuestra imaginación y hayan sido protagonistas de historias como *El patito feo*, de Hans Christian Andersen. Es normal que simbolicen el amor, ya que cortejan a su pareja imitándola, por ejemplo moviendo la cabeza arriba y abajo o nadando en círculo. Normalmente, se emparejan de por vida, pero de vez en cuando se separan y buscan una nueva pareja.

Pese a su belleza, tienen muy mal genio y pueden ser bastante agresivos cuando protegen su nido y sus crías. Los cisnes adultos tienen un pico grande y unas enormes alas, así que es mejor mantenerse alejado.

Tiburón toro

Suele vivir en el mar, pero también puede sobrevivir en agua dulce. De hecho, ha sido visto a 3200 km del mar, en el río Amazonas, a los pies de los Andes, en Sudamérica. Puede incluso remontar rápidos en aguas bravas, saltando como los salmones, en busca de buenas zonas para alimentarse. El gran tiburón blanco y el tiburón tigre tienen fama de ser más fieros, pero el tiburón toro es más peligroso para el ser humano, probablemente porque vive en zonas costeras poco profundas.

Como sugiere su nombre, tiene un cuerpo fuerte y robusto, capaz de lidiar con presas muy grandes. Sus dientes triangulares de sierra pueden cortar casi cualquier cosa, incluidos delfines, tortugas, otros tiburones y hasta seres humanos.

Tienen un oído y un olfato excelentes que los ayudan a orientarse en las aguas turbias.

Pez arquero

En los arroyos, ríos y manglares del sudeste de Asia, vive un arquero que podría rivalizar con el legendario Robin Hood. Pero en vez de un arco y una flecha, usa su extraordinaria boca.

Este pececillo merodea cerca de la superficie en busca de insectos y arañas. Es capaz de ver a través del agua turbia. Cuando localiza a una presa en una de las ramas que cuelgan sobre el río, escupe un chorro de agua para hacer caer a la confiada criatura de la rama y luego se la zampa. Puede lanzar el chorro hasta 3 m de distancia.

Son tan buenos disparando que casi siempre golpean a su presa con el primer chorro.

Escupe un chorro de agua para atrapar a la araña que está en la hoja.

Raya gigante

Las rayas gigantes
pueden arrastrar barcos
e incluso hundirlos.

La raya gigante, uno de los peces de agua dulce más grandes del mundo, es también uno de los más misteriosos. Durante miles de años, estos sigilosos gigantes pasaron inadvertidos a los científicos, lo que es toda una hazaña teniendo en cuenta que pueden llegar a abultar como un coche y pesar como un caballo. Sus crías también son grandes: cuando nacen ya tienen el tamaño aproximado de un plato.

Se pasan la vida en el fondo de grandes ríos lodosos, comiendo pececillos, cangrejos y caracoles de agua. Pese a su tamaño, no son una gran amenaza para las personas. Pero disponen de una espina punzante en la cola que puede perforar la piel y el hueso.

Raya gigante deslizándose
por el agua.

Pato torrentero

Macho

Hembra

Aveces el lugar más peligroso es también el más seguro. El pato torrentero vive en los rápidos de aguas bravas de los Andes, en Sudamérica, donde los ríos embravecidos y las cascadas mantienen alejados a todos los animales, excepto a los más osados. Estos patos descansan y anidan en pequeños islotes o en las orillas del río, a salvo del agua y de los depredadores. Se alimentan de frigáneas jóvenes que cazan en el lecho del río. Se desplazan por el agua con sus enormes pies palmeados, su cuerpo en forma de torpedo y su pequeña cola rígida, que usan a modo de timón.

Las hembras empollan los huevos más tiempo que cualquier otro pato, para que los polluelos crezcan al máximo antes de enfrentarse al mundo turbulento que los espera fuera. En cuanto salen del huevo, ya pueden nadar.

Pueden anidar en altos acantilados, así que los polluelos tienen que dar un gran salto para llegar al agua.

Pato torrentero posado en una roca en Ecuador.

Enjambre de mosquitos no
picadores cerca de la isla
Mfangano, lago Victoria.

Si juntáramos todos los quironómidos del lago
Victoria, pesarían como 160 ballenas azules.

Quironómido

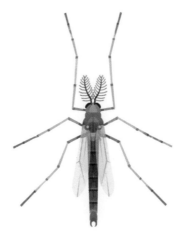

Todos los meses, después de la luna nueva, el cielo sobre el lago
Victoria, en África, ofrece un espectáculo sorprendente. Enormes
nubes oscuras se desplazan sobre el agua como tornados. Estas nubes
son en realidad enjambres de miles de millones de quironómidos, unos
mosquitos no picadores, que pueden elevarse sobre el agua como un
rascacielos. Son las crías de estos mosquitos, que han eclosionado a
la vez y salen del lago. Ir en masa les da seguridad, ya que son
demasiados para que un depredador pueda comérselos. La gente
que vive cerca del lago los caza y los usa para hacer hamburguesas
repletas de proteínas.

Cíclido

Los cíclidos, una de las familias de peces más grandes del mundo, pueden presentar todo tipo de formas, tamaños y colores, y todos son unos padres fantásticos. Normalmente, el macho cava una pequeña cueva o nido en la grava para que la hembra pueda poner los huevos. Para lograr que entre, realiza un sencillo baile, moviendo las aletas muy rápido y desplazándose adelante y atrás.

¡En cuanto la hembra pone los huevos y el macho los fertiliza, uno de los progenitores se los mete en la boca! Una vez que salen del huevo, las crías siguen viviendo en su boca, que es el lugar más seguro donde pueden estar. Si se siente amenazado, el cíclido adulto se aleja, llevando consigo a toda la familia.

Los cíclidos pueden luchar con la boca, apretando los labios. Parece que se besan.

Cíclido adulto con sus crías.

Barquero de agua

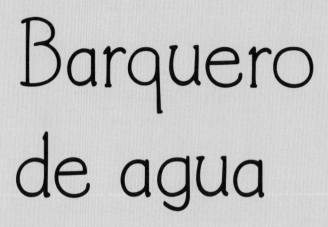

Tiene las patas en forma de remos plumosos, lo que le permite deslizarse rápidamente por la superficie de las charcas. Se encuentra en prácticamente todos los hábitats de agua dulce, y en todos estanques de jardín, del mundo, desde los humedales tropicales hasta los lagos de montaña del Nepal.

¡Son fáciles de confundir con los barqueritos, que son muy parecidos, pero nadan sobre su espalda! También se diferencian en que el barquero de agua es vegetariano y el barquerito es carnívoro. Los barqueros de agua son pequeños, pero sorprendentemente ruidosos. En las cálidas noches de verano puede oírse a los machos cantando a las hembras. Para emitir el sonido, se frotan la cabeza con las patas.

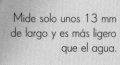

Mide solo unos 13 mm de largo y es más ligero que el agua.

En relación con su tamaño, es el animal que emite un sonido más fuerte.

Del agua a tierra firme

Ma = millones de años

Hace unos 4000 millones de años, aparecieron los primeros seres vivos en los océanos de la Tierra y ya no hubo vuelta atrás. Pero el paso del mar a tierra firme no fue sencillo. Había obstáculos importantes que superar, sobre todo encontrar alimento en un paisaje inerte y evitar la deshidratación en un mundo bañado por el sol.

400 Ma

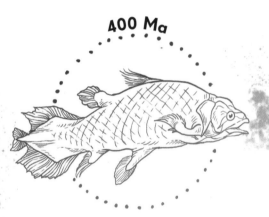

Celacanto

Los celacantos son parientes de los primeros peces que se trasladaron a tierra firme. Tenían unas aletas redondeadas que parecían patas.

420 Ma

Pez pulmonado

A medida que las plantas llenaban el aire de oxígeno respirable, algunos peces desarrollaron pulmones y agallas.

375 Ma

Tiktaalik

El Tiktaalik podría ser el primer pez que se arrastró fuera del agua hasta tierra firme. Tenía unas aletas en forma de muñecas y unos grandes ojos sobre la cabeza para ver por encima del agua.

370 Ma

Ichthyostega

El Ichthyostega fue una de las primeras criaturas anfibias. Pasaba tiempo en tierra firme, pero tenía que regresar al agua para poner los huevos.

3700 Ma

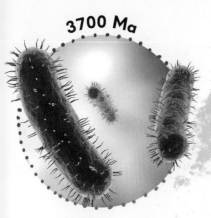

Primeros seres

Aparecieron unos organismos unicelulares, en forma de bacterias. Fue el principio de la vida en la Tierra.

600 Ma

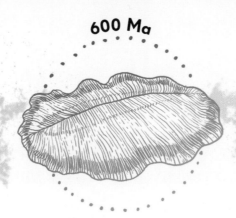

Primeros animales

En el lecho oceánico se desarrollaron formas de vida multicelulares más complejas. Fueron los primeros animales, como el Dickinsonia en forma de huevo.

540 Ma

Explosión cámbrica

En este período aparecieron muchos tipos de animales oceánicos, entre ellos algunos parecidos a los actuales, como las medusas, los gusanos y las gambas.

423 Ma

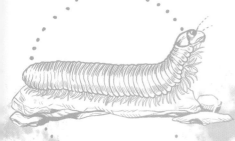

Artrópodos

Criaturas con muchos patas como el ciempiés cambiaron sus palas para nadar por patas para andar por tierra firme.

430 Ma

Cooksonia

Mientras las plantas competían por la luz del sol, algunas, como la Cooksonia, crecieron hacia arriba. Con el tiempo se convirtieron en los primeros árboles.

470 Ma

Hepaticofitas

La luz solar es energía para las plantas. Con espacio para tomar el sol en el suelo vacío, pequeñas plantas terrestres fueron las primeras invasoras, sobre las rocas.

315 Ma

Hylonomus lyelli

Los huevos gelatinosos de los anfibios corrían el riesgo de secarse. El Hylonomus fue uno de los primeros animales que puso huevos con cáscara, un grupo que también dio lugar a los dinosaurios.

306 Ma

Archaeothyris

El Archaeothyris debía de parecer un lagarto, pero es un ancestro de todos los mamíferos, un grupo que incluye a ratones, leones, elefantes y humanos.

150 Ma

Archaeopteryx

Algunos dinosaurios conservaron la piel escamosa, pero a otros les salieron plumas. El Archaeopteryx fue el primer pájaro. Volar le permitía encontrar alimento rápidamente y evitar ser comido.

De tierra firme al agua

El trasvase no fue solo en una dirección. Había tantas formas de vida distintas en tierra firme, todas compitiendo por sobrevivir, que algunas especies se adaptaron y regresaron al agua.

55 Ma

Primeros mamíferos

Algunos de los primeros mamíferos que regresaron al agua desde tierra firme se parecían a los actuales manatíes (o vacas marinas), que pastan en aguas poco profundas.

120 Ma

Nenúfar

Con el cielo repleto de insectos voladores, incluso las plantas con flores que crecían en el agua tenían polinizadores.

50 Ma

Pakicétidos

Estos mamíferos que cazaban peces y parecían un cruce entre un lobo y un tapir en realidad son los ancestros de las ballenas y los delfines.

260 Ma

Eunotosaurus africanus

Las primeras tortugas no tenían caparazón y parecían lagartos rechonchos. A diferencia de los anfibios, tenían que regresar a tierra firme para poner los huevos.

230 Ma

Tortuga verde

Las tortugas modernas, con sus aletas y su caparazón liso, parecen perfectamente diseñadas para el agua. Pero sus ancestros no lo estaban tanto.

130 Ma

Montsechia

Quizá se pareciera a la espiga de agua actual, pero hace 130 millones de años la Montsechia fue una de las primeras plantas acuáticas con flores.

140 Ma

Gansus

A pesar de dominar el cielo y la tierra, muchas aves se adaptaron a la vida en el agua. Este grupo de aves acuáticas se parecían a los somormujos y los zampullines, pero con dientes.

40 Ma

Basilosáuridos

Se encuentran entre las primeras ballenas completamente acuáticas, cuyas patas volvieron a parecer aletas.

30 Ma

Colimbo

El colimbo es la especie viva de ave más antigua. Con sus alas cortas, sus poderosas patas y sus sólidos huesos, está perfectamente diseñado para bucear. Puede aguantar la respiración durante cinco minutos.

Glosario

afluente Arroyo o riachuelo que desemboca en un río más grande.

agallas Órganos presentes básicamente en los peces. Las usan para respirar, obteniendo oxígeno del agua.

aguas bravas Aguas rápidas, turbulentas y movidas en un río.

aletas Miembros aplanados presentes en los animales que viven en el agua y que los ayudan a nadar.

alga Ser vivo simple parecido a una planta, pero sin raíces, ni tallo, ni hojas, que crece dentro o cerca del agua; el alga marina es un tipo de alga.

anfibio Animal vertebrado de sangre fría que inicia su vida en el agua y que como adulto vive entre el agua y tierra firme.

arrecife de coral Estructura formada por un grupo de corales en las cálidas aguas de las costas tropicales; a su alrededor viven muchos peces y otras criaturas marinas.

bioluminiscencia Luz producida por seres vivos.

bosque tropical Bosque denso con abundantes precipitaciones; la mayoría son cálidos.

cadena alimentaria Serie de organismos que dependen del siguiente como fuente de alimento.

caimán Varias especies de reptiles de Sudamérica o Centroamérica que son parientes de los aligátores y miembros del orden Crocodylia.

camuflaje Colores o diseños de la piel, el pelaje o las plumas de un animal que le ayudan a mimetizarse con el entorno.

carnívoro Animal que se alimenta exclusivamente de carne.

carroñero Animal que se alimenta de los restos de los animales muertos.

cefalópodo Molusco con una cabeza grande y tentáculos; los calamares y los pulpos son cefalópodos.

colonia Grupo de organismos de una especie que viven e interactúan estrechamente entre sí.

coral Esqueleto exterior duro de unos animales marinos diminutos, que pueden formar grandes arrecifes.

crustáceo Invertebrado con un esqueleto en la parte exterior de su cuerpo. Los cangrejos y las langostas son crustáceos.

cuenca hidrográfica Territorio drenado por un río y sus afluentes; la cuenca del Amazonas es una cuenca hidrográfica.

depredador Animal que caza otros animales vivos para alimentarse.

ecosistema Comunidad de plantas y animales que viven e interactúan en un entorno concreto.

en peligro Especie animal o vegetal que corre el riesgo de extinguirse; la tortuga carey, por ejemplo, es una especie en peligro de extinción.

escamas Placas rígidas de piel que cubren el cuerpo de los reptiles y los peces.

especie Grupo de plantas o animales del mismo tipo; los miembros de una especie pueden reproducirse entre sí.

extinción Especie animal o vegetal que ha desaparecido por completo y ya no existe.

fitoplancton Diminutas algas oceánicas que viven en la capa superficial del mar y son arrastradas por la corriente.

forrajeo Búsqueda de alimento en la naturaleza.

fronda Hoja de una palmera o helecho.

fuente hidrotermal Grieta del suelo oceánico por la que sale agua caliente y rica en minerales.

grasa de ballena Capa de grasa que tienen bajo la piel los mamíferos marinos y que atrapa el calor corporal.

hábitat Hogar natural de un animal o planta.

herbívoro Animal que se alimenta exclusivamente de plantas.

hibernación Período de inactividad por el que pasan algunos animales en invierno.

humedal Zona con el suelo húmedo y blando, como el de un pantano o una ciénaga.

insecto Tipo de invertebrado con seis patas y un cuerpo dividido en cabeza, tórax y abdomen; muchos insectos tienen alas y pueden volar.

invertebrado Animal que no tiene columna vertebral.

larva Cría de determinados animales que experimenta una metamorfosis; las larvas, igual que los renacuajos, tienen un aspecto muy distinto de adultas.

llanura aluvial Tipo de ecosistema de humedal en el que el agua cubre el suelo durante largos períodos de tiempo.

mamífero Animal vertebrado que tiene pelo y amamanta a sus crías.

manglar Árbol (o bosque de dichos árboles) que crece en aguas poco profundas y con frecuentes mareas.

medusa de mar Animal marino invertebrado que tiene un cuerpo blando en forma de sombrilla y tentáculos urticantes alrededor de una boca central.

microscópico Descripción de algo tan pequeño que solo puede verse con un microscopio.

migración Movimiento regular de determinados animales, que recorren grandes distancias, normalmente para alimentarse o reproducirse.

molusco Invertebrado de cuerpo blando que suele tener una concha dura; los mejillones son moluscos.

narina Orificio situado en la parte superior de la cabeza de un delfín o ballena que usa para respirar aire.

omnívoro Animal que se alimenta tanto de plantas como de carne.

palmeados Describe los pies de un ave o animal acuático que tiene los dedos de los pies conectados por una membrana.

pantano Terreno hundido y agreste alimentado por ríos en los que se acumula el agua.

parásito Animal que vive en otro y se alimenta de él.

peces Vertebrados de sangre fría que viven bajo el agua.

plancton Animales y plantas diminutos que viven en la capa superficial del mar y son arrastrados por la corriente.

pólipo Pequeño animal con el cuerpo en forma de copa y una boca rodeada de tentáculos que se fija en el lecho marino; los corales son pólipos.

presa Animal que es cazado y aniquilado por otro animal para alimentarse.

rápidos Parte de un río o arroyo que se mueve a gran velocidad y que suele fluir por un terreno muy escarpado.

reptil Vertebrado de sangre fría con la piel cubierta de escamas que suele reproducirse poniendo huevos.

residuos coralinos Fragmentos de coral que con el paso del tiempo se han desprendido del arrecife y se acumulan en el lecho marino.

sabana Nombre que se da a los pastizales abiertos en los países tropicales y subtropicales.

salobre Agua que es salada, pero no tanto como el agua del mar.

señuelo Parte de un animal de las profundidades oceánicas, como el rape abisal, que usa para atraer a sus presas.

sifonóforo Animal parecido a la medusa con el cuerpo transparente que flota por el mar; la carabela portuguesa es un sifonóforo.

templado Zona o clima con temperaturas suaves.

tropical Describe una zona o clima con temperaturas elevadas y abundantes precipitaciones.

veneno Sustancia venenosa que puede ser mortal cuando la inyecta un animal o planta, normalmente mediante un aguijón o colmillo.

vertebrado Animal que tiene columna vertebral.

zooplancton Animales diminutos que viven en el mar y son arrastrados por la corriente.

Guía visual

Pepino de mar, p. 6
Holothuroidea
Grupo: Invertebrados
Longitud: Hasta 2 m
Localización: Océanos de todo el mundo

Medusa con peine, p. 8
Ctenophora
Grupo: Invertebrados
Longitud: Hasta 1,5 m
Localización: Océanos de todo el mundo

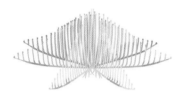

Esponja carnívora, p. 10
Chondrocladia lyra
Grupo: Invertebrados
Longitud: Hasta 37 cm
Localización: Océano Pacífico nordoriental

Pulpo Dumbo, p. 12
Grimpoteuthis
Grupo: Invertebrados
Longitud: Hasta 20 cm
Localización: Océanos de todo el mundo

Gusano escamoso, p. 14
Polynoidae
Grupo: Invertebrados
Longitud: Hasta 25 cm
Localización: Océanos de todo el mundo

Gusano comehuesos, p. 16
Osedax
Grupo: Invertebrados
Longitud: Hasta 7 cm
Localización: Lecho oceánico profundo

Caracol de pie escamoso, p. 18
Chrysomallon squamiferum
Grupo: Invertebrados
Longitud: Hasta 4,5 cm
Localización: Océano Índico

Isópodo gigante, p. 20
Bathynomus giganteus
Grupo: Invertebrados
Longitud: Hasta 40 cm
Localización: Lecho oceánico profundo

Calamar gigante, p. 24
Architeuthis dux
Grupo: Invertebrados
Longitud: Hasta 12 m
Localización: Océanos de todo el mundo

Cachalote, p. 26
Physeter macrocephalus
Grupo: Mamíferos
Longitud: Hasta 18 m
Localización: Océanos de todo el mundo

Calamar vampiro, p. 28
Vampyroteuthis infernalis
Grupo: Invertebrados
Longitud: Hasta 30 cm
Localización: Océanos tropicales y
templados profundos

Tiburón duende, p. 30
Mitsukurina owstoni
Grupo: Peces
Longitud: Hasta 4 m
Localización: Océanos Atlántico, Pacífico e Índico

Lirio de mar, p. 32
Comatulida
Grupo: Invertebrados
Longitud: Hasta 20 cm
Localización: Océanos de todo el mundo

Elefante marino, p. 34
Mirounga
Grupo: Mamíferos
Longitud: Hasta 4,9 m
Localización: Aguas del Antártico y del Pacífico norte

Tortuga laúd, p. 36
Dermochelys coriacea
Grupo: Reptiles
Longitud: Hasta 2 m
Localización: Océanos Atlántico, Pacífico e Índico

Tollo cigarro, p. 38
Isistius brasiliensis
Grupo: Peces
Longitud: Hasta 44 cm
Localización: Aguas oceánicas cálidas

Demonio del mar, p. 40
Caulophryne jordani
Grupo: Peces
Longitud: Hasta 20 cm
Localización: Zona abisal de los océanos
Atlántico, Pacífico e Índico

Pez cabeza transparente, p. 42
Macropinna microstoma
Grupo: Peces
Longitud: Hasta 9 cm
Localización: Lecho oceánico profundo

Pingüino de Adelia, p. 46
Pygoscelis adeliae
Grupo: Aves
Longitud: Hasta 73 cm
Localización: Antártida

Gran tiburón blanco, p. 50
Carcharodon carcharias
Grupo: Peces
Longitud: Hasta 6,1 m
Localización: Océanos de todo el mundo

Hongos marinos, p. 52
Fungi
Grupo: Hongos
Tamaño: normalmente microscópicos
Localización: Océanos y humedales de todo
el mundo

Calamar volador, p. 54
Ommastrephidae
Grupo: Invertebrados
Longitud: Hasta 50 cm
Localización: Océanos de todo el mundo

Caracol cónico, p. 56
Conus magus
Grupo: Invertebrados
Longitud: Hasta 22 cm
Localización: Océanos Índico y Pacífico

León marino de California, p. 58
Zalophus californianus
Grupo: Mamíferos
Longitud: Hasta 2,5 m
Localización: Costa este del océano Pacífico
septentrional

Gusano cordón de bota, p. 60
Lineus longissimus
Grupo: Invertebrados
Longitud: Hasta 55 m
Localización: Aguas costeras frías septentrionales

Ballena azul, p. 64
Balaenoptera musculus
Grupo: Mamíferos
Longitud: Hasta 30 m
Localización: Todos los océanos, excepto el Ártico

Foca leopardo, p. 66
Hydrurga leptonyx
Grupo: Mamíferos
Longitud: Hasta 3,6 m
Localización: Aguas antárticas y subantárticas

Pez león, p. 68
Pterois antennata
Grupo: Peces
Longitud: Hasta 38 cm
Localización: Arrecifes de coral cálidos
y poco profundos

Alga ojo de marinero, p. 70
Ventricaria ventricosa
Grupo: Algas
Diámetro: Hasta 5 cm
Localización: Océanos tropicales y subtropicales

Medusa inmortal, p. 72
Turritopsis dohrnii
Grupo: Invertebrados
Longitud: Hasta 4,5 mm
Localización: Océanos de todo el mundo

Plancton oceánico, p. 74
Grupo: Varias especies
Longitud: Menos de 2,5 cm
Localización: Océanos de todo el mundo

Sepia extravagante, p. 76
Metasepia pfefferi
Grupo: Invertebrados
Longitud: Hasta 8 cm
Localización: Océanos Índico y Pacífico

Tiburón globo, p. 78
Cephaloscyllium ventriosum
Grupo: Peces
Longitud: Hasta 1 m
Localización: Océano Pacífico oriental

Halimeda, p. 82
Halimeda
Grupo: Algas
Longitud: Hasta 25 cm
Localización: Aguas oceánicas cálidas
y poco profundas

Pez luna, p. 84
Mola mola
Grupo: Peces
Longitud: Hasta 3 m
Localización: Océanos tropicales templados

Cangrejo pompón, p. 86
Lybia edmondsoni
Grupo: Invertebrados
Longitud: Hasta 2,5 cm
Localización: Manantiales y arroyos
de agua dulce

Abanico de mar púrpura, p. 88
Gorgonia ventalina
Grupo: Invertebrados
Longitud: Hasta 60 cm
Localización: Aguas oceánicas poco profundas
de todo el mundo

Pulpo mimo, p. 90
Thaumoctopus mimicus
Grupo: Invertebrados
Longitud: Hasta 60 cm
Localización: Lecho de los estuarios fluviales
de Indonesia

Posidonia, p. 92
Alismatales
Grupo: Plantas
Longitud: Hasta 7 m
Localización: Aguas saladas de todo
el mundo

Dugongo, p. 94
Dugong dugon
Grupo: Mamíferos
Longitud: Hasta 3 m
Localización: Aguas costeras cálidas de los océanos
Índico y Pacífico

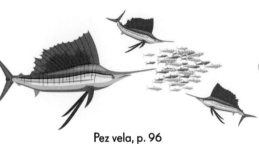

Pez vela, p. 96
Istiophorus
Grupo: Peces
Longitud: Hasta 3,4 m
Localización: Aguas oceánicas
cálidas de todo el mundo

Delfín beluga, p. 98
Orcaella heinsohni
Grupo: Mamíferos
Longitud: Hasta 2,7 m
Localización: Costas del océano Pacífico,
de Australia y Papúa Nueva Guinea

Dragón azul, p. 100
Glaucus atlanticus
Grupo: Invertebrados
Longitud: Hasta 3 cm
Localización: Océanos de
todo el mundo

Jacana, p. 104
Actophilornis africanus
Grupo: Aves
Longitud: Hasta 31 cm
Localización: Humedales de África subsahariana

Vejiga flotante, p. 106
Utricularia gibba
Grupo: Plantas
Longitud: Hasta 25 cm
Localización: Lagos, arroyos y humedales
de todo el mundo

Zapateros, p. 108
Gerridae
Grupo: Insectos
Longitud: Hasta 13 mm
Localización: Humedales y charcas

Musgo de turbera, p. 110
Sphagnum
Grupo: Plantas
Longitud: Hasta 15 cm
Localización: Charcas, pantanos y ciénagas,
de las regiones tropicales a las subpolares

Rana toro africana, p. 112
Pyxicephalus adspersus
Grupo: Anfibios
Longitud: Hasta 25 cm
Localización: Charcas y humedales de
la sabana africana

Pez pulmonado, p. 114
Dipnoi
Grupo: Peces
Longitud: Hasta 2 m
Localización: Ríos y lagos de África,
Sudamérica y Australia.

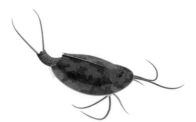

Tortugueta, p. 116
Triops
Grupo: Invertebrados
Longitud: Hasta 11 cm
Localización: Charcas temporales de
todo el mundo

Anaconda verde, p. 120
Eunectes murinus
Grupo: Reptiles
Longitud: Hasta 9 m
Localización: Bosques tropicales
de Sudamérica

Nerpa, p. 122
Pusa sibirica
Grupo: Mamíferos
Longitud: Hasta 1,4 m
Localización: Lago Baikal, Rusia

Gato pescador, p. 124
Prionailurus viverrinus
Grupo: Mamíferos
Longitud: Hasta 115 cm
Localización: Humedales de Asia meridional
y sudeste

Anguila eléctrica, p. 126
Electrophorus
Grupo: Peces
Longitud: Hasta 2,4 m
Localización: Charcas y ríos
de Sudamérica

Araña de agua, p. 128
Argyroneta aquatica
Grupo: Arácnidos
Longitud: 15 mm
Localización: Lagos y charcas de Europa
y Asia septentrional

Salamandra tigre, p. 130
Ambystoma tigrinum
Grupo: Anfibios
Longitud: Hasta 20 cm
Localización: Norteamérica

Pulga de agua, p. 132
Daphnia
Grupo: Invertebrados
Longitud: Hasta 4 mm
Localización: Charcas y arroyos del hemisferio norte

Col de mofeta, p. 134
Symplocarpus foetidus
Grupo: Plantas
Longitud: Hasta 15 cm
Localización: Humedales de Norteamérica

Espadaña, p. 136
Typha
Grupo: Plantas
Longitud: Hasta 3 m
Localización: Humedales de todo el mundo

Tortuga caimán, p. 138
Macrochelys temminckii
Grupo: Reptiles
Longitud: Hasta 70 cm
Localización: Humedales del sudeste
de Estados Unidos

Escarabajo torbellino, p. 140
Gyrinidae
Grupo: Insectos
Longitud: Hasta 19 mm
Localización: Charcas, arroyos y lagos de todos
los continentes, excepto la Antártida

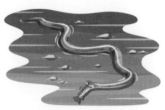

Culebra de liga acuática, p. 144
Thamnophis atratus
Grupo: Reptiles
Longitud: Hasta 91 cm
Localización: Charcas y arroyos
del noroeste de Estados Unidos

Caracol manzana, p. 146
Pomacea lineata
Grupo: Invertebrados
Longitud: Hasta 15 cm
Localización: Humedales de América

Pez del fango, p. 148
Oxudercinae
Grupo: Peces anfibios
Longitud: Hasta 30 cm
Localización: Marismas y playas
de África, Asia y Australia

Frigánea, p. 152
Trichoptera
Grupo: Insectos
Longitud: Hasta 28 mm
Localización: Hábitats de agua dulce
de todo el mundo

Castor europeo 154
Castor fiber
Grupo: Mamíferos
Longitud: Hasta 100 cm
Localización: Ríos y lagos de Europa y Asia

Rana dorada de Panamá, p. 156
Atelopus zeteki
Grupo: Anfibios
Longitud: Hasta 6,3 cm
Localización: Bosques tropicales de Panamá

Proteo, p. 158
Proteus anguinus
Grupo: Anfibios
Longitud: Hasta 30 cm
Localización: Cuevas del centro y
el sudeste de Europa

Rana dardo venenosa, p. 160
Dendrobatidae
Grupo: Anfibios
Longitud: Hasta 5 cm
Localización: Bosques tropicales de
América Central y del Sur

Basilisco verde, p. 162
Basiliscus plumifrons
Grupo: Reptiles
Longitud: Hasta 91 cm
Localización: Bosques tropicales de
América Central y del Sur

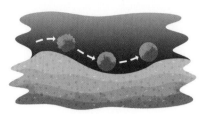

Marimo, p. 164
Aegagropila linnaei
Grupo: Algas
Longitud: Hasta 30 cm
Localización: Lagos de Japón y
el norte de Europa

Gobio escalador, p. 166
Sicyopterus stimpsoni
Grupo: Peces
Longitud: Hasta 18 cm
Localización: Islas de Hawái

Caimán del Misisipi, p. 168
Alligator mississippiensis
Grupo: Reptiles
Longitud: Hasta 4,6 m
Localización: Sudeste de Estados Unidos

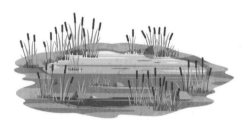

Plancton de charca, p. 170
Grupo: Diversas especies
Longitud: Hasta 5 mm
Localización: Hábitats de agua dulce
de todo el mundo

Lamprea, p. 174
Petromyzontiformes
Grupo: Peces
Longitud: Hasta 91 cm
Localización: Regiones templadas
de todo el mundo

Náyade perlífera, p. 176
Margaritifera margaritifera
Grupo: Invertebrados
Longitud: Hasta 14 cm
Localización: Ríos y arroyos de Europa
y el nordeste de Norteamérica

Aldrovanda vesiculosa, p. 178
Aldrovanda vesiculosa
Grupo: Plantas
Longitud: Hasta 20 cm
Localización: Humedales de Europa,
Asia, África y Australia

Delfín rosado, p. 180
Inia geoffrensis
Grupo: Mamíferos
Longitud: Hasta 2,8 m
Localización: Cuencas fluviales del Amazonas
y el Orinoco en Sudamérica

Nenúfar espinoso, p. 182
Euryale ferox
Grupo: Plantas
Ancho: Hasta 1,5 m
Localización: India, Corea, Japón,
sudeste de Asia y China

Escarabajo buceador, p. 186
Dytiscus marginalis
Grupo: Insectos
Longitud: Hasta 32 mm
Localización: Europa y Asia

Nutria gigante, p. 188
Pteronura brasiliensis
Grupo: Mamíferos
Longitud: Hasta 1,8 m
Localización: red hidrográfica del Orinoco,
el Amazonas y La Plata en Sudamérica

Medusa dorada, p. 190
Mastigias papua etpisoni
Grupo: Invertebrados
Longitud: Hasta 14 cm
Localización: Lago de las Medusas,
Palau, en el océano Pacífico

Pez sierra común, p. 192
Pristis pristis
Grupo: Peces
Longitud: Hasta 6 m
Localización: Regiones subtropicales
y tropicales de todo el mundo

Cisne mudo, p. 194
Cygnus olor
Grupo: Aves
Longitud: Hasta 1,6 m
Localización: Regiones templadas
de todo el mundo

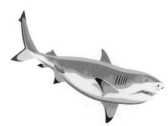

Tiburón toro, p. 196
Carcharhinus leucas
Grupo: Peces
Longitud: Hasta 3,5 m
Localización: Aguas cálidas
de todo el mundo

Pez arquero, p. 198
Toxotes
Grupo: Peces
Longitud: Hasta 30 cm
Localización: Estuarios y costas del
sudeste de Asia y norte de Australia

Raya gigante, p. 200
Urogymnus polylepis
Grupo: Peces
Longitud: Hasta 2,4 m
Localización: Ríos profundos del
sudeste de Asia

Pato torrentero, p. 202
Merganetta armata
Grupo: Aves
Longitud: Hasta 46 cm
Localización: Cordillera de los Andes,
Sudamérica

Quironómido, p. 204
Chaoborus edulis
Grupo: Insectos
Longitud: Hasta 2 cm
Localización: Lagos de África oriental

Cíclido, p. 206
Cichlidae
Grupo: Peces
Longitud: Hasta 90 cm
Localización: América Central y del Sur, África
tropical, sudeste de Asia y el subcontinente indio

Barquero de agua, p. 208
Corixidae
Grupo: Insectos
Longitud: Hasta 13 mm
Localización: Hábitats de agua dulce
de todo el mundo

Penguin Random House

Edición sénior Marie Greenwood
Edición del proyecto de arte Charlotte Jennings
Edición de arte sénior Roohi Rais
Diseño de cubierta sénior Elle Ward
Documentación gráfica Rituraj Singh
Diseño de maquetación Sachin Gupta, Rohit Rojal, Syed Md Farhan, Rajdeep Singh
Edición ejecutiva Jonathan Melmoth
Edición ejecutiva de arte Diane Peyton Jones, Ivy Sengupta
Edición de producción sénior Dragana Puvacic
Control de producción John Casey
Coordinación editorial Issy Walsh
Subdirección de arte Mabel Chan
Dirección editorial Sarah Larter

Asesoramiento Dr. Jonathan Dale

De la edición en español:
Coordinación editorial Cristina Gómez de las Cortinas
Asistencia editorial y producción Eduard Sepúlveda

Servicios editoriales Tinta Simpàtica
Traducción Ana Riera Aragay

Publicado originalmente en Gran Bretaña en 2022
por Dorling Kindersley Limited
DK, One Embassy Gardens, 8 Viaduct Gardens,
Londres, SW11 7BW
Parte de Penguin Random House

Título original: *Anthology of Aquatic Life*
Primera reimpresión: 2024

ISBN: 978-0-7440-8921-9

Impreso y encuadernado en China

www.dkespañol.com

MIXTO
Papel | Apoyando la silvicultura responsable
FSC www.fsc.org
FSC™ C018179

Este libro se ha impreso con papel certificado por el Forest Stewardship Council™ como parte del compromiso de DK por un futuro sostenible. Para más información, visita www.dk.com/uk/information/sustainability

DK quiere dar las gracias a: Kieran Jones y Kathleen Teece por su asistencia editorial; Polly Goodman por la revisión; Lynne Murray por la asistencia iconográfica; Daniel Long por las ilustraciones de las especies; Angela Rizza por las decoraciones y las ilustraciones de la cubierta.

Sobre el autor:
Sam Hume es un cineasta de la naturaleza. Estudió Zoología en la Universidad de Saint Andrews (Escocia), donde fue el responsable del acuario local y también entrenaba focas y criaba rayas espinosas. En la actualidad vive en Somerset (Inglaterra) con su esposa Louisa y una colección de extraños animales (incluidas sus dos hijas, Ella y Sophie). Este es su primer libro para niños.

Créditos de las ilustraciones

Los editores agradecen a las siguientes personas el permiso para la reproducción de sus fotografías:
(Clave: a: arriba; b: bajo/debajo; c: centro; d: derecha; e: extremo; i: izquierda; s: superior)

4 Alamy Stock Photo: Mark Spencer / Auscape International Pty Ltd (s); Photo Researchers / Science History Images (bi); Jeff Rotman (cdb); ZUMA Press, Inc. (bd). **6 Alamy Stock Photo:** Helmut Corneli (bi). **6-7 Alamy Stock Photo:** Norbert Probst / imageBROKER (b). **7 Alamy Stock Photo:** Erik Schlogl (cd). **BluePlanetArchive.com:** David Wrobel (s). **8-9 Science Photo Library:** Alexander Semenov. **10 Jean Vacelet. 12 Alamy Stock Photo:** NOAA. **14-15 Gregory Rouse. 16-17 Alamy Stock Photo:** Natural History Museum, Londres (s). **19 Dr. Chong CHEN. 20 Expedition to the Deep Slope 2006 Exploration, NOAA Vents Program. 22 Alamy Stock Photo:** Solvin Zankl / Nature Picture Library (ci). **imagequestmarine.com:** Peter Herring (bc). naturepl.com: David Shale (sc). **Science Photo Library**: Dante Fenolio (x5/si). **22-23 Alamy Stock Photo:** Andrey Nekrasov / imageBROKER. **Science Photo Library:** Dante Fenolio (b). **23 Alamy Stock Photo:** David Shale / Nature Picture Library (cda); Adisha Pramod (sc). NOAA: (bd). **24-25 Alamy Stock Photo:** Natural History Museum, Londres (b). **26-27 BluePlanetArchive.com:** Toshio Minami / e-photo. **28-29 SuperStock:** Steve Downeranth / Mary Evans Picture Library. **30-31 BluePlanetArchive.com:** Masa Ushioda. **33 Alamy Stock Photo:** WaterFrame_jdo. **36-37 BluePlanetArchive.com:** Michael Patrick O'Neill. **38-39 Alamy Stock Photo:** Blue Planet Archive JMI (s). **41 Alamy Stock Photo:** David Shale / Nature Picture Library. **42-43 Science Photo Library:** Dante Fenolio. **44 Alamy Stock Photo:** David Shale / Nature Picture Library (cda); Steve Jones / Stocktrek Images (bi). **Dreamstime.com:** Jocrebbin (sc); Planetfelicity (cia). **Getty Images:** Jason Edwards / The Image Bank (bc). **44-45 Alamy Stock Photo:** Maria Hoffman (b). **45 Alamy Stock Photo:** Pete Morris / AGAMI Photo Agency (bc); Franco Banfi / Biosphoto (ca); mark wilson (cd); Pally (bd). **Dreamstime.com:** Tom Linster (si); Planetfelicity (ci). **Science Photo Library:** Tony Wu / Nature Picture Library (sd). **46 Alamy Stock Photo:** Fred Olivier / Nature Picture Library. **48 Dreamstime.com:** Ethan Daniels (bd); Peer Grøndahl (s); Irochka (c). **Science Photo Library:** Astrid & Hanns-Frieder Michler (bi). **51 Alamy Stock Photo:** Mike Parry / Minden Pictures. **52 APHOTOMARINE:** David Fenwick. **54 Alamy Stock Photo:** Anthony Pierce (cib). **54-55 Alamy Stock Photo:** Michael Greenfelder (b); Anthony Pierce (bc). **55 Alamy Stock Photo:** Anthony Pierce (cb). **56-57 Alamy Stock Photo:** Fred Bavendam / Minden Pictures. **58-59 Alamy Stock Photo:** Alex Mustard / Nature Picture Library. **60-61 Alamy Stock Photo:** Paul R. Sterry / Nature Photographers Ltd. **62 Alamy Stock Photo:** Reinhard Dirscherl (bi); Nature Picture Library (bd). **Dreamstime.com:** Kelpfish (bc). naturepl.com: Brandon Cole (ci). **62-63 Alamy Stock Photo:** Michael Nolan / robertharding (s). **Getty Images / iStock:** paule858 / E+ (c). **63 Alamy Stock Photo:** Colin Marshall / agefotostock (bi); WaterFrame_fur (c); WaterFrame_jdo (bd). **Dreamstime.com:** Jonathan Chancasana (cda); Jagronick (ci). **Science Photo Library:** Pascal Goetgheluck (cb). **64-65 naturepl.com:** Doc White. **66 SuperStock:** Morales / age fotostock. **69 Alamy Stock Photo:** Reinhard Dirscherl. **70 naturepl.com:** Sue Daly. **72-73 Alamy Stock Photo:** Blue Planet Archive SKO. **74-75 David Liittschwager. 76 naturepl.com:** Tim Laman. **79 OceanwideImages.com:** Andy Murch. **80 Alamy Stock Photo:** blickwinkel / Mildenberger (bd); Andrey Nekrasov (si). **Dreamstime.com:** Caan2gobelow (sd); Ethan Daniels (cb, bi). **OceanwideImages.com:** Gary Bell (cdb). **81 Alamy Stock Photo:** imageBROKER (cb); Ethan Daniels / Stocktrek Images (si). **Dreamstime.com:** Ethan Daniels (bi); Isabellebonaire (cda); Mikhail Tischenko (cia); Shih Hao Liao (cib); Nicolas Voisin (cdb, bd). **82 Science Photo Library:** Natural History Museum, Londres. **84 Alamy Stock Photo:** Hiroya Minakuchi / Minden Pictures. **86-87 Tracey Jennings IG:** scubabunnie. **89 Getty Images / iStock:** Tammy616 / E+. **90-91 Alamy Stock Photo:** Jeff Rotman. **92 BluePlanetArchive.com:** Phillip Colla. **94 naturepl.com:** Alex Mustard. **96-97 naturepl.com:** Doug Perrine. **99 Dr Isabel Beasley. 100 Getty Images / iStock:** S. Rohrlach. **103 Alamy Stock Photo:** Andy Rouse / Nature Picture Library (bi). **Dreamstime.com:** Harry Collins (sd); Angela Perryman (si); Hel080808 (ci); Donyanedomam (cd); Palinchak (bd). **104 Alamy Stock Photo:** Lou Coetzer / Nature Picture Library. **106-107 Science Photo Library:** Eye Of Science. **108 Dreamstime.com:** Leo Malsam. **110 Alamy Stock Photo:** Paul van Hoof / Buiten-Beeld (bd). **111 Alamy Stock Photo:** Kike Calvo (cdb); Wayne Lynch / All Canada Photos (si); Gerard de Hoog / NiS / Minden Pictures (cda). **naturepl.com:** Konstantin Mikhailov (bi). **112-113 naturepl.com:** Mark Taylor. **114-115 naturepl.com:** Piotr Naskrecki. **117 Dreamstime.com:** Dirk Ercken. **118 Alamy Stock Photo:** Mark Boulton (sd); Volodymyr Burdiak (si); Bill Roque (bi); NSP-RF (cdb). **Getty Images / iStock:** Ashish Kumar (cd). **119 Alamy Stock Photo:** blickwinkel / AGAMI / H. Germeraad (cr); GFC Collection (cda); Susan E. Degginger (x2/bi). **Getty Images / iStock:** lapandr (bd); Lisa5201 (x2/cib). **Science Photo Library:** Londolozi Images / Mint Images (cia). **120-121 Alamy Stock Photo:** Christophe Courteau / Nature Picture Library. **123 naturepl.com:** Olga Kamenskaya. **124-125 Dreamstime.com:** Slowmotiongli. **127 BluePlanetArchive.com:** Reinhard Dirscherl. **128 Alamy Stock Photo:** blickwinkel / H. Bellmann / F. Hecker. **130-131 Alamy Stock Photo:** Corey Hochachka / Design Pics Inc. **132-133 Science Photo Library:** Marek Mis. **134 Science Photo Library:** Angelina Lax. **136 Alamy Stock Photo:** Hugh Threlfall. **139 Dreamstime.com:** Matthijs Kuijpers. **140-141 Alamy Stock Photo:** Ivan Kuzmin. **142 Alamy Stock Photo:** Dubi Shapiro / AGAMI Photo Agency (br); Majority World CIC (si); Nazrul Islam (ci); blickwinkel / Hartl (bi). **Dreamstime.com:** Rixie (cda). **Getty Images / iStock:** PhiphatSuwanmon (cb). **Shutterstock.com:** sushil kumudini chikane (cib). **143 Alamy Stock Photo:** Wojtkowski Cezary (cda); Stuart Forster (cd); Nazrul Islam (ci); Kit Day (cb); Soumyajit Nandy (cdb). **Dreamstime.com:** Fototrips (x2/bi). **144-145 Science Photo Library:** DK IMAGES. **146-147 naturepl.com:** Visuals Unlimited. **148 BluePlanetArchive.com:** D. R. Schrichte. **151 Dreamstime.com:** Jianqing Gu (s); Nibylandiamj (ci); Libux77 (b). **Getty Images / iStock**: brazzo (c). **Getty Images:** China Photos / Stringer (cd). **152-153 Alamy Stock Photo:** Ottfried Schreiter / imageBROKER. **154-155 Getty Images:** Troy Harrison / Moment. **156-157 Alamy Stock Photo:** ZSSD / Minden Pictures. **158-159 Alamy Stock Photo:** Nature Picture Library. **160 Alamy Stock Photo:** Piotr Naskrecki / Minden Pictures (b). **161 Dreamstime.com:** Dirk Ercken (bi). **Getty Images / iStock**: GlobalP (sd). **162-163 Alamy Stock Photo:** Bence Mate / Nature Picture Library. **165 123RF.com. 166-167 ©Marj Awai. 169 BluePlanetArchive.com:** Doug Perrine. **170-171 Science Photo Library:** Laguna Design. **172 Alamy Stock Photo:** Nigel Cattlin (cd); Renato Granieri (cda). **Dreamstime.com:** Kevin Oke (si); Martin Schneiter (si/árbol); Bill Roque (cib). **Science Photo Library:** Jorge Garcia / Vwpics (bd). **173 Dreamstime.com:** Mikhail Gnatkovskiy (bli; Paulo Resende (ca); Marktucan (bc). Mlot and Hu, Georgia Tech: (c). **Science Photo Library:** Clay Coleman (cib). U.S. Botanic Garden: (bd). **174-175 Alamy Stock Photo:** Jelger Herder / Buiten-Beeld. **177 Ardea:** Paulo Di Oliviera. **178-179 naturepl.com:** Adrian Davies. **180 Alamy Stock Photo:** Arco / Therin-Weise / Imagebroker. **182-183 123RF.com:** bbtreesubmission. **184 Depositphotos Inc:** Skaldis (c). **Dreamstime.com:** Rbiedermann (x2/bi); Rudmer Zwerver (ci). **184-185 Dreamstime.com:** Dirk Ercken (b). **185 Alamy Stock Photo:** Rebecca Cole (ca); Sebastian Kahnert / dpa-Zentralbild / ZB / dpa (sd); Daniel Heuclin / Nature Picture Library (cib); MYN / Paul van Hoof / Nature Picture Library (bc, bi). **Dreamstime.com:** Agami Photo Agency (cda); Christopher Smith (si); Whiskybottle (cia); Mikelane45 (cdb); Rudmer Zwerver (cb). **Getty Images:** imageBROKER / Willi Rolfes (sc). **186-187 Dreamstime.com:** Slowmotiongli. **188-189 Science Photo Library:** John Devries. **190-191 naturepl.com:** Brandon Cole. **192-193 BluePlanetArchive.com:** Andre Seale. **194-195 Dreamstime.com:** Martin Kucera. **196-197 naturepl.com:** Doug Perrine. **198 naturepl.com:** Kim Taylor. **200-201 Shutterstock.com:** tristan tan. **203 Alamy Stock Photo:** Glenn Bartley / All Canada Photos. **204-205 Alamy Stock Photo:** David Keith Jones / Images of Africa Photobank. **206-207 Alamy Stock Photo:** blickwinkel / H. Schmidbauer. **208-209 Science Photo Library:** Gary Meszaros. **210 Dreamstime.com:** Lukas Blazek (cd). **211 Alamy Stock Photo:** Scenics & Science (cd). **Dreamstime.com**: Mopic (si). **212 Alamy Stock Photo:** Bob Gibbons (cd). **Dreamstime.com**: Brian Lasenby (cdb); Phillip Lowe (ci). **213 Alamy Stock Photo:** Albert Lleal / Minden Pictures (ci). **Dreamstime.com:** Jeff Grabert (bd). **Getty Images / iStock:** E+ / Searsie (sd)

Imágenes de la cubierta: *Cubierta frontal:* **Alamy Stock Photo:** Helmut Corneli si, Wolfgang Kaehler sc, Alex Mustard / Nature Picture Library cda, Andrey Nekrasov cia, WaterFrame_dpr cdb; **Dorling Kindersley:** Linda Pitkin bli Jerry Young ca; **Dreamstime.com:** Isselee cb, Aliaksandr Mazurkevich ci, Nerthuz sd, Jan Martin Will cib; **naturepl.com:** Brandon Cole bd